はい、静岡県司法書士会です

相続の困りごと、お答えします

はしがき

静岡県司法書士会では、平成一四年から、静岡県民の方々から寄せられる相談に対し、面談と電話による無料相談を実施しています。特に、平成一七年には「司法書士総合相談センターしずおか」を設置し、平日は毎日相談を受け付ける体制を整えています。

近年では、年間四千件前後の相談が寄せられており、法的な相談機関としては県内でも指折りの機関として位置づけられています。

相談の内容は、民事紛争、登記、借金問題などさまざまですが、その中でも、相続に関する相談が常に四分の一程度を占めています。それに加え、成年後見や遺言などの相談も増加傾向にあります。つまり、高齢者に関する法律問題が相談の多くを占めるようになっているのです。

また、ちょっとした法律知識を知りたいという相談から非常に深刻なものまで、寄せられるご相談の程度もさまざまです。

そこで、このたび当会では、相続、遺言、成年後見についての基本的な法律知識を書籍にして、皆様に提供させていただくことといたしました。是非とも本書をご活用いただきたいと思います。

もっとも、世の中の法律問題は、本書をご覧になっただけで解決するものばかりではありませんので、具体的な相談については、今後とも、無料の相談窓口である「司法書士総合相談センターしずおか」をご利用いただきたいと思います。

最後に、本書の企画から出版までご尽力いただきました静岡新聞社編集局出版部の庄田達哉様、石垣詩野様に感謝を申し上げる次第です。

平成二七年一月

静岡県司法書士会
会長　西　川　浩　之

目　次《もくじ》

第三章　遺　言

第一章　はじめに

一　老い支度から相続まで、準備は万全ですか？

「終活」という言葉が二〇一二年の新語・流行語大賞でトップテンに選出され、話題となりました。この「終活」とは、人生の最期を迎えるにあたって行うべきことを総括しましょう、という意味のようです。

「終活」という言葉からは、葬儀、お墓、エンディングノートなどが連想されますが、私たち司法書士が連想する言葉としては、遺言、成年後見、事業承継、死後事務、相続などの法律用語です。

もちろん、葬儀やお墓のことなどは大切ですが、それとともに、さまざまな法制度を上手に活用することにより安心して老後を迎えることができますし、財産を後世に上手に引き継いだり、紛争を未然に防止したりすることもできます。その一方、相続などに関する基本的な知識が不足していたため、紛争の原因となってしまうケースもありますし、遺言や成年後見制度などを知らなかったために、日々悩んでいる方もたくさんいらっしゃるようです。

ぜひとも、これらの法制度を活用して、老い支度から相続まで、自分なりの設計をしていただきたいと思います。もちろん、これらに加えてエンディングノートを作っておけば万全と言えるでしょう。

本書では、こうした法制度について、八八のQ＆Aを掲載していますが、はじめに、それぞれの制度の概要を知っていただくと理解しやすいと思われます。そこで、遺言、成年後見、事業承継、死後事務、相続について、それぞれがどのような制度であるのかを大まかにみていきましょう。

遺言

遺言は、亡くなった後の財産の承継や法律関係について、生前に定めておく制度です。法律に定める方式に適合しないものは遺言としての効力がありませんから、司法書士に相談しながら作成するとよいでしょう。

一度遺言を作成しても、財産の状況や家族関係が変わった場合には、遺言を撤回したり、新しく作り直したりすることもできます。

成年後見

超高齢社会に突入した現在、判断能力の低下に伴い、重要な契約の締結や財産の適切な管理ができない方は激増しています。このような場合、ご本人を保護するために成年後見人等を選任し、成年後見人等がご本人に代わって法律行為や財産管理を行うことで、ご本人をサポートすることができます。

また、今は判断能力に問題はないが、将来が心配という方は、信頼できる方を将来の任意後見人と定める契約をすることもできます。

事業承継

事業承継は、経営理念の伝授、後継者の育成、経営権（株式）の引き継ぎ、事業資産の承継などさまざまな角度から検討することが必要です。

その中でも、経営権や事業資産の承継については、法律面、税制面を慎重に検討して、生前贈与、遺言、株価対策などを上手に組み合わせていく必要があります。

したがって、経営者、税理士、司法書士が三位一体となってその事業に適した対策を検討していく必要があります。

死後事務

死後事務とは、亡くなった後の葬儀、納骨、埋葬、医療費や施設費などの支払い、行政機関への各種届出、生前に行っていた契約の解消などについての事務処理のことです。

ご家族がいらっしゃらない方や、何らかの事情でご家族が死後事務をすることができないと予想される場合には、生前に、第三者との間で死後事務委任契約を締結し、代理権を与えておくことができます。

相続

相続は遺産を承継する手続きですが、遺産分割、相続税の申告、名義変更等、多くの検討事項と手続きがありますので、項目を改めて説明することとしましょう。

二　相続手続きの流れは？

次に、相続の開始から相続手続きの終了までにどんなことをしなければならないのか、その概要をみていきましょう。なお、以下では、お亡くなりになった方を「被相続人」と呼ぶこととします。

遺言書の捜索［表①］

相続が始まった直後は、死亡届の提出や、お通夜、葬儀などで慌ただしいと思いますが、一段落したら、遺言書があるかどうかを確認しておきましょう。

一般的によく利用される遺言書は、自分一人でも作ることができる自筆証書遺言（第三章Ｑ９）と呼ばれる遺言か、公証人に依頼して作成する公正証書遺言（第三章Ｑ１０）のどちらかです。遺言書が作成されている場合には、大切な書類として保管されていることが多いと思われますので、被相続人が生前に重要書類をしまっていた場所を確認してみましょう。

なお、公正証書遺言が作成されている場合は、公証役場に原本が保管されており、全国どこの公証役場でも原本が保管されている公証役場を検索することができます。ご自宅などで遺言書が見つからない場合には、お近くの公証役場で検索してもらうこともできるわけです。

発見した遺言書に封がされている場合には、封を切らずに、その取扱方法について、お近くの司法書士にご相談ください（第三章Ｑ１８）。

相続人の確定［表②］

次に、誰が相続人になるのかを確認する必要があります（第二章Ｑ３）。ご家族の方であれば誰が相続人になるのかは

相続手続きの流れ

死亡届・葬儀・四十九日法要

①遺言書の捜索
↓
②相続人の確定
↓
③相続財産の確定
↓
④相続放棄・限定承認
↓（3ヶ月以内）
⑤所得税の準確定申告
↓（4ヶ月以内）
⑥遺産分割協議
↓
⑦相続税の申告
↓（10ヶ月以内）
⑧預金の解約・名義変更手続き

わかっていると思いますが、不動産の名義変更や預貯金の解約などをするたびに、戸籍謄本などの公的な書類で、誰が相続人であるのかを証明していく必要があります。そこで、戸籍謄本などを取りそろえておく必要があるわけです。

一般的には、被相続人の出生から死亡までの連続した戸籍謄本がすべて必要になりますが、戸籍は、法律の改正やコンピュータ化などにより何度か作り替えられていますので、役所の窓口で「相続に使う戸籍謄本をすべて発行してほしい」と請求するのがよいでしょう（第二章Ｑ４）。

また、相続人全員の戸籍謄本も必要になりますので、いっしょに準備しておくとよいでしょう。

被相続人が、生前に本籍を移転している場合には、ひとつの役所ですべての戸籍謄本を発行してもらうことができないことがありますので、ご注意ください。

なお、相続登記に必要な戸籍謄本などの収集は、司法書士に依頼することもできます。

相続財産の確定［表③］

相続財産とは、被相続人が亡くなった時点において被相続人が所有していた財産や負債です（第二章Ｑ２６～Ｑ３９）。相続財産を確定するのは、相続放棄（第二章Ｑ４２）をするかどうかを判断したり、遺産分割の前提として相続財産を明らかにしておく必要があったりするからです。また、相続税の申告をする必要があるかどうかを判断するためにも、相続財産の調査が必要となります。

それぞれの手続きには期限もありますので、早期に相続財産の調査をする必要があります。

相続財産については、遺産一覧表を作ってみるとよいでしょう。そのために、たとえば、不動産であれば登記事項証明書や固定資産評価証明書、預貯金であれば記帳済みの通帳や残高証明書を取り寄せておきます。また、株式については、証券会社から明細書などを取り寄せておきましょう。

相続放棄・限定承認［表④］

被相続人が亡くなってから原則として三か月以内であれば、相続を放棄したり限定承認をしたりすることができます（第二章Ｑ４１）。

たとえば、プラスの相続財産よりもマイナスの相続財産、つまり借金の方が多いため相続をしたくないということであれば、相続放棄をすることができます。

このほか、様々な理由で相続をしたくないという場合にも、相続放棄（第二章Ｑ４２）の手続きが用いられています。

また、相続財産についてプラスとマイナスのどちらが多いかよくわからないという場合には、プラスの相続財産の範囲でのみ責任を負うことができる限定承認（第二章Ｑ４３）を利用することもできます。なお、相続放棄や限定承認を利用するためには、家庭裁判所に書面により申し出ることが必要です。相続放棄の法的効果は、相続人の立場にならないということです。後ほど説明する遺産分割の話し合いにおいて、単に相続財産を取得しないという内容で合意した場合は、相続人ではあるものの、プラスの財産を取得しないということにすぎません。したがって、遺産分割で財産を取得しない場合でも、マイナスの財産、つまり借金については、原則として引き継がれてしまいます。

このように、相続放棄と、遺産分割で財産を取得しない場合とでは、法律的な効果が全く異なりますのでご注意ください。

準確定申告［表⑤］

自営業を営んでいたなどの理由で生前に確定申告をしていた被相続人については、死亡から四か月以内に準確定申告をして、当年分の所得税の申告をしておく必要があります。

遺産分割協議［表⑥］

以上により、相続人が確定し、相続財産も明らかとなったとします。そろそろ、相続人の間で、誰がどの財産を相続するかという話し合いをしていただく必要があります（第二章Q１４～Q２５）。話し合いがまとまったら、後日の紛争とならないように、遺産分割協議書と呼ばれる書類にその内容を記載して、相続人全員の署名と押印をしておきます。

なお、遺産分割協議書は、後日、不動産などの名義変更手続きに使用しますので、解釈に疑義が生じないように正確に作成しておく必要があります。遺産分割協議書は、司法書士などの専門家に依頼して作成してもらいましょう。

相続税の申告［表⑦］

相続税の申告は、被相続人が亡くなってから一〇か月以内にする必要があります。しかし、相続税には基礎控除などの控除がありますから、ある程度多額の相続財産がなければ相続税はかかりません。

ちなみに、相続税の申告が必要な方は、平成二七年施行の改正相続税法の下では、亡くなられる方の六％前後と言われています。詳しくは、税理士に確認してみましょう。

預金の解約・名義変更手続き［表⑧］

預金の解約や不動産・株式などの名義変更については、特に期限は定められていません。もっとも、名義変更をせずに長期間放置しておくと、手続きが煩雑になってしまうことがありますので、なるべく早めに名義変更手続きをしておきましょう。

第二章　相続

Q1. 父は、昨年の地震災害で行方が分からなくなったままです。父の相続は、いつ開始するのですか?

A.

民法では「相続は、死亡によって開始する」と定められています。したがって、人が死亡したときに相続が開始することになります。

通常であれば、死体を検案した医師が、死亡の年月日時分や場所等を記載した死亡診断書(死体検案書)を作成し、これを添付して死亡の届出(戸籍法八六条一項、二項)をすることによって、亡くなった方の戸籍に死亡した旨の記載がされます(①の方法)。

しかし、ご遺体が発見されていないような場合には、死亡診断書(死体検案書)を添付することができません。そこで、やむを得ない事由によってこの書面を得ることができないときは、「死亡の事実を証すべき書面」をもってこれに代えることができることになっています（同条三項）。例えば、東日本大震災の際には、「死亡の事実を証すべき書面」としてチェック式の「届出人の申述書」が用意され、手続きの簡素化が図られました（②の方法）。

また、水難、火災、その他の事変により、死亡が確実であってもご遺体が見つからない場合、その取り調べをした官公庁が報告することによって死亡を認定する制度（戸籍法八九条）もあります（③の方法）。

以上はいずれも、「戸籍に死亡した旨とその日時が記載されますので、その時に相続が開始したことになります。

一方、生死不明の場合でも、法律上、死亡したものとみなす失踪宣告という制度があります（④の方法・Ｑ２）。

あなたのお父様の場合、震災で行方不明の状態が一年以上継続しており、官公庁の報告による死亡認定がされていないとのことですから、②の方法か④の方法のいずれかを検討すべきだと思われます。

Q2. 父は、一〇年以上前に山で遭難しました。生死は不明ですが葬儀も済ませています。父名義の不動産を処分できますか？

A.

お父様が行方不明となってから一〇年以上も経過した今、お父様名義の不動産を売却する必要が生じたのですね。所有者であるお父様が行方不明である以上、お父様が売主となって売買契約を締結することはできません。しかし、お父様に関し失踪宣告を受け、相続の手続きを進めた上で、相続人が不動産を処分するという方法が考えられます。

失踪宣告は、①従来の住所または居所を去り容易に戻る見込みのない者につき、その生死が七年間明らかでないとき、②戦争、船舶の沈没、震災などの死亡の原因となる危難に遭遇してその危難が去った後、その生死が一年間明らかでないときのふたつのケースで、利害関係人の請求により家庭裁判所が行います。

失踪宣告を受けた者は、現実の生死が判明していなくても法律上死亡したものとみなされますので、相続が開始することになるわけです。

お父様が行方不明となってからすでに一〇年以上が経過していますので、お子さんであるあなたからお父様の従来の住所地を管轄する家庭裁判所に対し、お父様の失踪宣告を求める申し立てをすることができます。家庭裁判所は、一定の調査等をしたうえで失踪宣告の審判をしますので、この審判が確定したら、申立人であるあなたから市区町村役場に失踪の届出をしてください。

その後は、一般の相続と同様に遺言や遺産分割協議に基づき、相続手続きを進めることができますので、処分すべき不動産を相続した方が、相続登記を経たうえで売却することも可能です。

ただ、法律上とはいえ、お父様を死亡したものとみなすことになる結果を甘受しなければなりません。

Q3. 相続権は誰にあるのですか？　また、法律の定める相続分を教えてください。

A.

まず、相続人が誰になるかをご説明します。

被相続人の配偶者は常に相続人となり、次の①～③によって相続人となった方と同順位で共同相続します。

① 被相続人の子（養子も含む）は、相続人となります。子が、被相続人より先に死亡している場合や、欠格事由（Ｑ１２）に該当したり廃除（Ｑ１３）によって相続権を喪失していたりしている場合には、その方の子が代襲して相続人となります（Ｑ５）。代襲相続人が被相続人より先に死亡している場合や、欠格事由に該当したり廃除によって代襲相続権を喪失したりしている場合は、さらにその方の

子が再代襲します。

② 次に、子やその代襲相続人がいないときは、直系尊属（つまり、父母や祖父母）が親等（しんとう）の近い順に相続人となります。

③ さらに、直系尊属もないときは、兄弟姉妹が相続人となります。相続人となるべき兄弟姉妹が被相続人より先に死亡している場合や、欠格事由に該当したり廃除によって相続権を喪失したりしている場合、兄弟姉妹の子が代襲して相続人となりますが、①と違い再代襲はしません。

次に、相続分ですが、①の場合、配偶者と子の相続分は各二分の一、②の場合、配偶者の相続分は三分の二で直系尊属の相続分は三分の一、③の場合、配偶者の相続分は四分の三で兄弟姉妹の相続分は四分の一となります。

いずれの場合も、子、直系尊属、兄弟姉妹が複数名あるときは、各自の相続分は等しいものと定められています。たとえば、配偶者と兄弟三人が相続人である場合、配偶者は四分の三、兄弟三人はそれぞれ一二分の一の割合で相続することになるわけです。

Q4. 相続人はどのように調査するのですか？

A.

相続手続きを開始するには、まず、被相続人の相続人が誰であるかを特定しなければなりません。そのためには、一般的に、被相続人が出生してから死亡するまでの連続した戸籍や、相続人となるべき方（Q３）の戸籍をすべて取得する必要があります。

さて、戸籍は、夫婦とその氏を同じくする子を単位として編成することが戸籍法に定められています。戸籍法では、出生・死亡・婚姻・離婚などの事由が生じた時には届出をしなければならないことになっており、婚姻の届出があれば夫婦について新戸籍が編製されますし、出生届があれば子は父母の戸籍に入ります。死亡届があれば戸籍から除かれますし、離婚届があれば婚姻前の戸籍に復したり新戸籍が編製されたりするのです。

ところで、ある戸籍に記載された全員が死亡や婚姻等によってその戸籍から除かれた場合、この戸籍は除籍簿に綴じられます（「除籍」と呼ばれます）。なお、除籍の保存期間は、除籍簿に綴じられた翌年から一五〇年と定められています。

また、戸籍制度はこれまでに、記載の内容を変えず編製の方法を改める「改製」を何度か経ています。直近の改製は、紙で管理していた戸籍のコンピューター化です。この場合、コンピューター化された戸籍を「現在戸籍」、従前の紙の戸籍を「改製原（かいせいげん）戸籍」と呼んでいます。

このような事情から、被相続人の連続した戸籍を取得しようとすると複数の除籍や改製原戸籍の取得が必要となります。そこで、相続人であるあなたの戸籍を取得し、これを手がかりとして、被相続人の死亡時から出生時へと除籍や改製原戸籍をさかのぼって取得していく方法が、間違いのない調査方法となるのです。

Q5.

夫が亡くなりました。私には長女とすでに他界した長男がおり、長男には三人の子供がいます。相続人は誰になりますか？

A.

ご質問のケースでは、息子さんのお子さん三人が、息子さんの相続人としての地位を引き継ぐ形で相続人となります（これを「代襲相続」と呼びます）。したがって、ご主人の相続人と相続分は、あなたが二分の一、娘さんが四分の一、息子さんのお子さん三人がそれぞれ一二分の一ずつということになります。

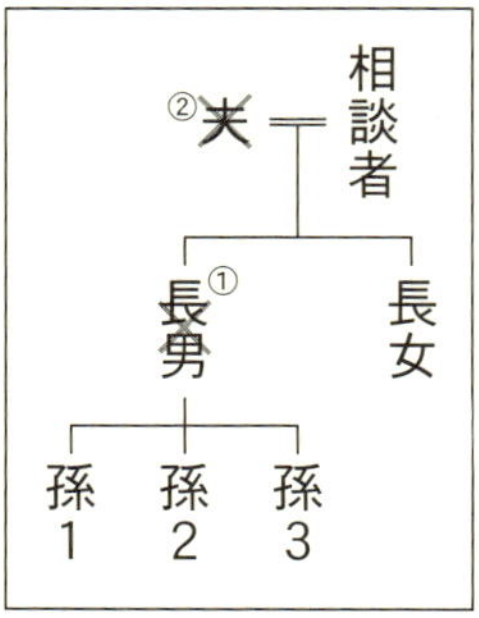

※数字は死亡の順番

なお、参考までに申し上げると、仮にこのケースで息子さんのお子さん三人のうちのどなたかもすでにお亡くなりになっており、そのお子さんがいらっしゃる場合には、再代襲が生じます。

また、亡くなった息子さんに養子や認知した婚外子、まだ産まれていない胎児がある場合、これらの者も代襲相続人となります。

しかし、息子さんが亡くなられたご主人の養子である場合、亡くなられたご主人と息子さんとの間の養子縁組の届出がなされた時点ですでに出生していた子（いわゆる「連れ子」）に代襲相続権はありませんので、ご注意ください（養子縁組後に出生した子には、代襲相続権があります）。

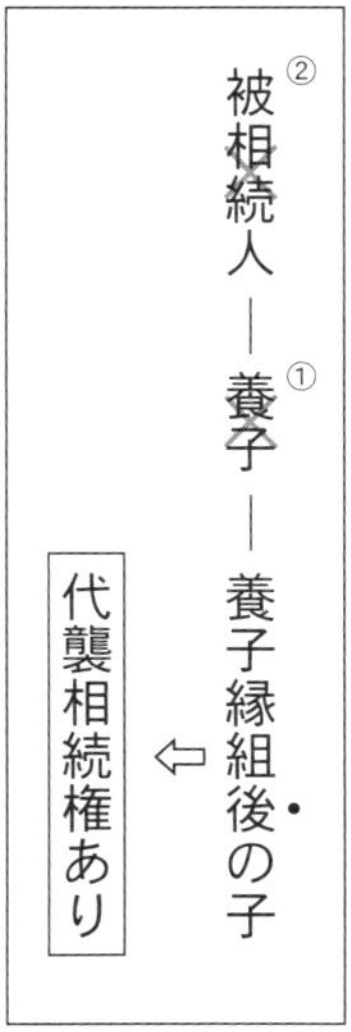

※数字は死亡の順番

Q6. 私は妻の両親と養子縁組をしています。今般、実の父が亡くなりましたが、相続手続きはどうなりますか?

A.

実のお父様がお亡くなりになられたのですね。ご愁傷様でした。あなたとしては、奥さんと結婚した後に奥さんのご両親とした養子縁組が、実親の相続手続きに影響するのかという疑問をお持ちなのですね。

まず、戸籍のことを確認しましょう。戸籍法六条は「戸籍は、市町村の区域内に本籍を定める一の夫婦及びこれと氏を同じくする子ごとに、これを編製する」と定めています。したがって、あなたが実親の戸籍から抜けて新たに戸籍が編製されたのは、奥さんとの婚姻によるのであって、これにより親子関係が法律上消滅することはありません。

また、婚姻よりも前に養子縁組した場合、養子は実親の戸籍を抜けて養親の戸籍に入りますが、この場合でも、実親との親子関係が法律上消滅するわけではありません。

一方で、民法八〇九条は「養子は、縁組の日から、養親の嫡出子の身分を取得する」と定めていますので、あなたと奥さんのご両親との間にも、親子関係は生じています。

結局のところ、あなたは、実親の相続人にもなるし、養親の相続人にもなるということになるのです。

ただし、あなたのような普通養子縁組ではなく「特別養子縁組」の場合には、養子と実親との親族関係は終了します。特別養子縁組は、実親による虐待や養育の放棄などの理由により、子の監護が著しく困難であったり不適当であったりするような特別の事情があり、子の利益のために特に必要があると認められる場合などの法律が定める要件を充足するときに、家庭裁判所が許可する養子縁組のことです。

Q7.

私は、妻子ある男性との間に子をもうけました。この子の相続権について、新しい裁判所の判断が出たと聞きましたが・・・

A.

最高裁が平成二五年九月四日に下した判断のことですね。最高裁は「嫡出でない子の相続分を嫡出子の相続分の二分の一とする」という民法の規定は、憲法に違反し無効と判断しました。

なお、「嫡出子」とは婚姻している男女の間に産まれた子、「嫡出でない子」とは婚姻関係にない男女の間に産まれた子を指します。

この判断を受け、憲法違反とされた前記の民法の規定が削除され、平成二五年九月五日以降に開始した相続に関しては、嫡出子と嫡出でない子の相続分は等しいものとなりました。

あなたのお子さんの場合、父親である男性は今もご健在ですから、将来その男性がお亡くなりになった場合、あなたのお子さんは嫡出子である他の子らと同じ相続分を有することになります。

ところで、嫡出でない子として相続権を主張するためには、父親から認知されていなければならない点にご注意ください。認知の手続きは、父親から市区町村役場に所定の届出をするだけで足りますが、認知の事実は戸籍に記載されるため、戸籍を通じて嫡出でない子の存在をご家族に知られてしまう可能性があります。そこで民法は、遺言による認知も認めています。この方法であれば、少なくとも父親の生前に嫡出でない子の存在を知られるおそれは低くなります。

なお、父親が認知をしないまま死亡した場合、死亡から三年以内であれば、嫡出でない子から認知の訴えを提起することも認められています。しかし、裁判により認知が認められるまでの間に他の相続人による遺産分割協議等の遺産の処分が終了している場合、ご自身の相続分に相当する金銭の支払い請求しかできず、不動産等の特定の財産を相続したいという希望はかなえられませんので、ご注意ください。

Q8.

夫は赤ちゃんの顔を見ることなく、先日亡くなりました。お腹の中の子（胎児）は、夫の相続人になるのですか？

A.

お気の毒なことをしました。ご主人もさぞや無念だったことでしょう。民法三条一項は「私権の享有は、出生に始まる」と規定していますが、相続については「胎児は、相続については、既に生まれたものとみなす」という規定（同八八六条一項）を置いて、例外を定めています。したがって、あなたのお腹の中にいる赤ちゃんは、ご主人の相続人であるということができます。

では、赤ちゃんが胎児のうちに遺産分割協議ができるでしょうか。相続人の中に未成年者が含まれる場合、通常は未成年者の親権者である両親がその未成年者を代理して遺産分割協議を行います。

しかし、今回のケースでは、赤ちゃんの父親であるご主人は死亡しており、母親であるあなたも相続人の一人ですから、あなたと赤ちゃんはご主人の相続手続きに関して互いに利益が相反する関係にあります（Ｑ１７）。このような場合は、赤ちゃんのための特別代理人を家庭裁判所に選任してもらう手続きを進める必要があります。

さらに、前述の民法八八六条二項には「前項の規定は、胎児が死体で生まれたときは、適用しない」という規定もあることから、一般的には、赤ちゃんが無事に生まれてきてから遺産分割協議の手続きを進める方が無難でしょう。

Q9.

父は母と離婚した後、子のある女性と婚姻してさらに子をもうけました。父の相続人と私の相続人は、誰になるのですか?

A.

あなたのお父様をAさん、あなたのお母様はBさんとしましょう。AさんとBさんは、あなたと妹(Cさん)が産まれた後に離婚したのですね。その後、Aさんはお子さんのある女性と再婚されたのですね。Aさんの後妻をDさん、Dさんの連れ子をEさん、AさんとDさんとの間に産まれた子をFさんとし、以下に整理してみることにしましょう。

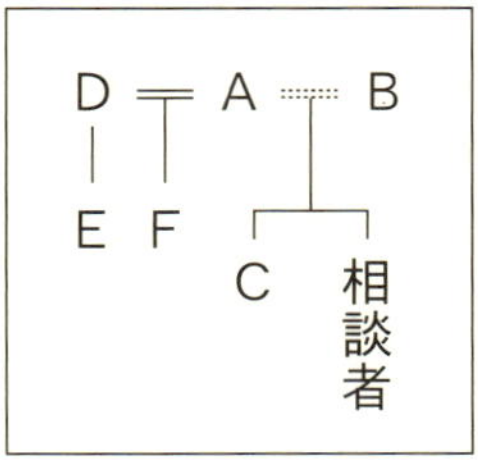

お父様の相続人ですが、配偶者であるDさん、子であるあなた、Cさん、Fさんに相続権があるのは間違いありません。Eさんについては、AさんとEさんが養子縁

組をしていたかどうかによって結論が分かれます。Dさんの連れ子であるというだけでは、Eさんは相続人にはなりません。仮に養子縁組していればEさんも相続人であり、それぞれの相続分はDさんが八分の四、あなた、Cさん、Eさん、Fさんがそれぞれ八分の一となります。

次に、あなたの相続人を検討してみます。配偶者もお子さんもないあなたがお亡くなった場合の相続人は、両親であるAさんとBさんになります。仮にご両親が先に亡くなられた場合は、兄弟姉妹が相続人となります。

あなたからみて、Cさんは両親を同じくする兄弟姉妹であり、Fさんは父母の一方のみを同じくする兄弟姉妹です。ここでも、EさんがAさんと養子縁組していた場合には、Eさんはあなたと父母の一方を同じくする兄弟姉妹となります。父母の一方のみを同じくする兄弟姉妹の相続分は、父母の双方を同じくする兄弟姉妹の二分の一ですので、それぞれの相続分は、Cさんが四分の二、Eさん、Fさんがそれぞれ四分の一となるのです。

Q10.

長年同居した内縁の夫が亡くなりました。夫には元妻と私との間に子供が一人ずついます。私の相続分はどうなりますか？

A.

内縁関係とは「法律上の婚姻関係は認められないものの、婚姻の意思をもって共同生活を営み、社会的に事実上の夫婦として認められている状態」と説明されます。しかし、仮にあなた方ご夫婦がこのような要件を備えていたとしても、内縁の妻であるあなたにご主人の相続権はありません。ご質問のケースでは、元妻との間のお子さんとあなたとの間のお子さん二人が相続人であり、その相続分は二分の一ずつとなります。

ところで、ご主人は遺言を遺していませんか？ あなたに相続権がないとしても、あなたに財産を譲る内容の遺言が遺されているなら、あなたは遺言の内容に従って遺産を取得できます。この場合、相続人である二人のお子さんの承諾は不要です。もっとも、二人のお子さんには遺留分（第三章Ｑ２１）が認められますので、この点にはご注意ください。

一方、遺言が遺されていない場合、相続権のないあなたが遺産を譲り受けることができるケースは限られます。

お二人のお子さんが家庭裁判所に相続放棄（Ｑ４２）の手続きをし、さらに後順位の相続人（親、祖父母、兄弟姉妹ら）全員も続けて相続放棄の手続きをすると「相続人不存在」の状態となります。その後、家庭裁判所で選任された相続財産管理人が法律に定めるすべての手続きを完了した段階で、あなたから家庭裁判所に対し「特別縁故者への財産分与」（Ｑ１１）を求める申し立てをします。家庭裁判所がこの申し立てを相当と認めた場合に限り、あなたは遺産を譲り受けることができます。

この制度は、あなたのように、長年にわたって内縁関係にあった方など、亡くなった方と特別な縁故のあった方に認められるもので、相続人がいない場合にだけ活用できる例外的な制度となります。

Q11. 私は天涯孤独で相続人となる人がいません。死亡後に、私の財産はどうなるのでしょうか？

A.

債権者に弁済するなどして残った財産を特別縁故者に分与し、まだ残った財産がある場合は国のものとなります。

遺言がなく、相続人が誰もいない場合（相続人全員が相続放棄をした場合を含む）、家庭裁判所で相続財産管理人を選任してもらいます。この申し立てをすることができるのは、遺産を保管している人、被相続人と金銭貸借などの契約関係にある人などです。

家庭裁判所で選任された相続財産管理人は、まず、どんな遺産があるのか、どのような債務があるのかを調査して財産の状況を把握します。

そして「被相続人に対して請求権がある人（債権者）や、遺言により財産をもらうこととなっている人（受遺者）がいれば申し出てほしい」という公示をします。また、念のため「相続人がいる場合には一定の期間に申し出てほしい」という公示もします。これらの公示は、日本政府の広報紙である官報に掲載されます。それでも相続人となる人が現れない場合に、相続人がいないこと（相続人不存在）が確定します。

次に相続財産管理人は、申し出のあった債権者に対し支払いをしたり、受遺者に対し財産の引き渡しをしたりします。

こうした手続きを経て残った遺産は、国のものとなります。このような事態を避けるために遺言を利用し、親しい方に財産を分けたり、お世話になった施設に財産を寄付したりすることを検討しましょう。

なお、被相続人の生前に同じ家計で暮らしていた方、献身的に療養看護をしていた方など、相続人ではないけれど被相続人と非常に親密にしていた方（特別縁故者）は、家庭裁判所に申し出ることによって一定の遺産をもらい受けることができる制度もあります。

Q12.

不本意にも、二女夫婦に監禁同然の状態で無理やり遺言を書かされてしまいました。なんとかならないでしょうか？

A.

本来なら、家族への最後のメッセージとして厳粛な気持ちで書き遺しておきたい遺言を、娘さん夫婦に無理やり書かされてしまったのですね。

お尋ねの趣旨が「無理に書かされた遺言の内容が不本意であるからなんとかならないか」ということなら、改めて遺言を書き直せばよいでしょう。民法により、内容が抵触する複数の遺言が存在する場合、抵触する部分について日付の新しい遺言が有効となります。したがって新しく遺言を書き直せば、あなたの意思は尊重されます。ただし、あなたの死後、書き直した遺言が発見されるようにしておく配慮が必要です。

一方、お尋ねの趣旨が「そのようなことをした二女が許せない」ということなら、「相続人の欠格」についてご説明しなければなりません。

民法は、①故意に、被相続人あるいは先順位または同順位の相続人を死亡に至らせまたは至らせようとする行為をした者、②被相続人が殺害されたことを知ってこれを告発または告訴しない者、③詐欺または強迫によって被相続人が相続に関する遺言をしたり、撤回したり、取消しまたは変更することを妨げた者、④詐欺または強迫によって、被相続人に相続に関する遺言をさせたり、撤回させたり、取り消させまたは変更させた者、⑤相続に関する遺言を偽造、変造、破棄または隠匿した者は、「相続欠格者」として相続人とはなれないと規定しているのです。

推定相続人の廃除（Q１３）と異なり、被相続人の意思に関わりなく、家庭裁判所による審判なども必要なく、欠格事由に該当すれば直ちに相続人となる資格を失うのです。

あなたを監禁し、無理やり相続に関する遺言を書かせた行為は④の欠格事由に当たりますので、二女の相続権は失われると考えられます。

Q13.

長男が多額の借金を抱えており、遺産を相続させたくありません。そのような制度があると聞きましたが・・・

A.

民法八九二条に規定される「推定相続人の廃除」のことですね。推定相続人の廃除とは、遺留分（第三章Q２１）を有する相続人から相続権をはく奪する制度です。廃除された推定相続人は相続人の地位を喪失しますので、遺留分を請求する権利も失います。

特定の法定相続人に遺産を相続させたくない場合に、他の相続人や第三者に生前贈与や遺贈をしたり、その相続人の相続分をゼロと指定する遺言を遺したりすることが考えられますが、このような場合でも遺留分を請求する権利までは失われませんので、必ずしも思いどおりの結果が得られるわけではありません。

そこで、民法は、遺留分を有する相続人が、①被相続人に対して虐待をしたり、②被相続人に重大な侮辱を加えたり、③その他の著しい非行に及んだときに、被相続人が家庭裁判所に対し、その相続人の廃除を請求することができる制度を設けたわけです。

しかし、虐待、重大な侮辱、著しい非行がどのようなものかを一般的に定めることは困難です。判例では「はなはだしい非行はあったがそれが一時の激情による場合には著しい非行とはいえない」と指摘したもの（大審院大正一一年七月二五日判決）をはじめ、被相続人とその相続人との不和の原因、暴行や侮辱的な言動または非行に及ぶに至った経緯などが、総合的・客観的に判断されなければならないとされています。

ご質問のケースでも、ご長男が多額の借金を抱えているというだけの理由では、著しい非行として廃除が認められる可能性は低いと思われます。借金をするに至った経緯、借金とあなたとの関わり等について、もう少し詳しくお話をうかがう必要がありそうです。

Q14. 父の相続人は私と弟の二人、遺産は土地一筆のみです。土地を弟と分けたいのですが、どのような方法がありますか？

A.

遺産が土地一筆だけで、これをご兄弟で分け合いたいとのことですね。このような場合、一筆の土地を分け合う方法としては次の方法が考えられます。

① 二人の名義で共有にする
② 土地を二筆に分筆し、それぞれが一筆ずつ相続する
③ 一方が土地を取得し、他方に代償金を支払う
④ 土地を売却し、代金を二人で分ける

①の土地の共有とは、それぞれが一筆の土地全体を利用できる一方、全体を売却するなどの処分をするためには共有者全員の合意が必要な状態をいいます。よく

誤解されがちですが、一筆の土地のある部分だけを独立して所有するわけではありません。共有者に相続が発生すると、さらにその相続人同士の共有状態となります。このため、関係者が増えたり共有者同士の関係が希薄化したりすることにより全体の合意形成が困難な状況に陥り、売却等の処分に困難が伴うことも予測されます。

そこで、土地を二人で分ける場合には②の方法をお勧めします。

②は、一筆の土地に境界線を引いて二つの土地に分け、それぞれの土地を単独で相続する方法です。したがって、相続した土地を売却等する場合は、各相続人が単独の判断で行うことができます。

なお、①の共有登記をした後に②の分筆をしたとしても、共有の土地が二筆に分かれるだけで、共有名義が自動的に解消されるわけではありません。したがって、必ず分筆を先行する必要があります。

このように、手続きの進め方によってはご希望とは異なる結果を招くことにもなりかねませんので、十分にご注意ください。

Q15.

遺産分割の話し合いをする予定ですが、もめる可能性があります。話し合いの方法には、どんな方法がありますか？

A.

遺産分割協議がまとまらない場合は、調停を利用することができます。また、分配方法にもさまざまな方法があります。

遺産分割を行う方法としては、①遺言による分割、②協議による分割、③調停による分割、④審判による分割があります。

遺言がある場合は、遺産の分配は原則として遺言のとおり行います。遺言がない場合は、相続人間の話し合いにより遺産分割をします。これが遺産分割協議と呼ばれるものです。遺産分割協議がまとまらない場合は、家庭裁判所に調停の申立てをすることができます。

調停では、調停委員が当事者双方から事情を聴いたり、資料を確認したり、解決方法についてアドバイスをしたりして合意の成立に向けた調整を行います。しかし、合意に至らなかった場合には、審判手続きに移ります。審判手続きでは、遺産の状況や当事者の希望、その他一切の状況を踏まえ、裁判官が遺産の分配方法を決定します。

分配方法としては、現物分割、換価分割、代償分割がありますが、原則的な方法は「現物分割」です。どの遺産を誰が相続するのかを遺産ごとに決める方法です。

しかし、遺産が土地一筆だけのように現物分割が困難な場合、遺産を売却して代金を相続人で分配する方法もあります。これが「換価分割」と呼ばれる方法です。

また、遺産が自宅とその敷地だけのように、現物分割も困難だし売却することもできないような場合には、遺産を相続する相続人が他の相続人に対し「代償金」と呼ばれる金銭を支払うこともあります。これを「代償分割」といいます。

Q16.

兄が仕事の関係でアメリカに単身赴任しています。父の残した不動産の相続登記は、どのように進めればよいでしょうか？

A.

ふたつのケースが考えられます。ひとつは、お兄様が日本に住民登録したまま海外に在住しているケースです。この場合は日本国内で住民票や印鑑証明書の交付を受けられるので、通常の手続きと変わりはありません。しかし多くの場合、海外勤務に際して住所を赴任先に移転しますので、以下、このケースについてご説明します。なお、お父様が遺言を遺していないことを前提とします。

相続登記の添付書類として、相続人全員の住民票と印鑑証明書の提出を求められるのが通常です。しかし、日本に住民登録のない海外在住者の場合、住民票も印鑑証明書も交付を受けることができません。そこで、それぞれについての代替手段が必要となるのです。

住民票の代わりとなるのは「在留証明書」と呼ばれるもので、日本領事館というところで交付が受けられます。

一方、印鑑証明書の代わりとなるものは「署名証明書」と呼ばれます。署名証明書の交付を希望する方は、証明を求める書面(今回であれば遺産分割協議書)を、署名していない状態で日本領事館に持参します。書面への署名は、領事館において領事の面前で行います。すると領事は「本人が面前で署名した」という公印の押された書面を発行し、証明を求める書面に合綴して公印で契印してくれます。署名証明書が合綴された書面は、日本国内では「実印を押印し印鑑証明書を添えた書面」と同じものとして取り扱われることとなります。

アメリカであれば、日本領事館は十数か所設置されていますが、国によっては一か所しかないところもありますので、ご注意ください。なお、一時的に日本に帰国する機会があれば、帰国時に日本の公証役場で「私署証書の認証」と呼ばれる同じような手続きをとることも可能です。

Q17.

妻が交通事故で急死しました。大学と高校に通う二人の未成年者がいます。妻の残した預金を学費に充てたいのですが・・・

A.

大変にお気の毒でした。残された二人のお子さんの学業に影響が出ないよう、円滑な相続手続きを進めたいところですが、お二人が未成年者とのことですので、次のような手続きが必要です。

預金の解約・払戻しを受けるには、遺産分割協議書を金融機関に提出する必要があります。遺産分割協議は相続人全員による合意によって成立しますが、民法では未成年者の法律行為が制限されているため、どなたかが未成年者の代わりに協議に加わらなければなりません。

通常、未成年者に代わって法律行為を行うのは親権者であるご質問者となりますが、今回の場合、ご質問者は遺産分割協議の当事者のお一人ですので、他の当事者である未成年者の立場を兼ねることは法律で禁止されているのです（「利益相反行為」と呼ばれます）。

そこで、親権者に代わって未成年者の立場で遺産分割協議に加わる「特別代理人」を、家庭裁判所で選任してもらわなければなりません。未成年者がお二人とのことですから、特別代理人も二人必要です。

なお、特別代理人は必ずしも法律の専門家である必要はありませんので、未成年者の祖父母などの親族にお願いすることも可能です。

ところで、特別代理人は未成年者の利益を考えて遺産分割協議を行わなければなりません。選任申立てに際しては分割協議の案文を家庭裁判所に提出しますが、未成年者に何も相続させない分割案や、法定相続分を大きく割り込む分割案の場合、家庭裁判所から協議案の再考を命じられることもあります。

しかし本件では、預金をご質問者が管理してお二人の学費に充てたいとのことですから、その事情を詳細に報告することにより、すべてをご質問者が相続する協議案が認められる余地もあるでしょう。

Q18.

母は認知症で、家族の名前すら思い出せない状態です。このため、父の遺産分割協議ができません・・・

A.

認知症などで判断能力が低下している方は、遺産分割協議等の法律行為を単独で行うことができなかったり、どなたかの支援が必要だったりします。

そのような場合は、家庭裁判所で、その方の法律行為を代理するなどして本人を支援する成年後見人等を選任してもらう必要があります。成年後見制度には、成年後見、保佐、補助の三類型があり、ご本人の判断能力の程度に応じて最も適切な制度を利用することが可能です（成年後見制度については、第四章）。

成年後見人等は、ご本人の権利や財産を守るために執務を行わなければなりません。したがって、未成年者の場合の特別代理人（Ｑ１７）と同様、遺産分割協議にあたっては、最低でもご本人の法定相続分を確保するようにしなければなりません。

なお、成年後見人等も相続人の一人である場合は、ご本人の立場と自らの立場の双方で遺産分割協議を行うこととなると、お互いの利益が相反し、ご本人の利益が護られないおそれがあります。

このような場合、成年後見監督人等が選任されていれば監督人が、選任されていない場合には未成年者の場合と同じく家庭裁判所が選任した特別代理人が、ご本人の代わりに遺産分割協議を行うことになるのです。

Q19.

兄が行方不明で、音信不通の状態です。父の相続手続きは、どのように進めればよいのでしょう?

A.

遺産分割協議は相続権のある方が全員で合意しないと成立しませんので、ご質問のように、相続人に行方不明の方がいる場合には、行方不明者に代わって遺産分割協議に加わる「不在者財産管理人」を家庭裁判所で選任してもらう必要があります。

不在者財産管理人には、司法書士などの法律の専門家が選任されるのが通常です。選任を受けるためには、お兄様が行方不明になった経緯、心当たりの場所や親しい知人等への調査結果、場合によっては警察による捜索の状況等を報告書に取りまとめ、家庭裁判所でお兄様を「不在者」として認定してもらわなければなりません。

不在者財産管理人が選任されたとしても、直ちに遺産分割協議に着手できるわけではありません。というのも、不在者財産管理人は、不在者の財産を維持・管理することが本来の職務であり、遺産分割協議のように新たな法律行為をすることは認められていないからです。

そこで、選任された不在者財産管理人は、遺産分割協議をするため、改めて家庭裁判所に対し「権限外行為の許可」を申し立てる必要があるのです。

この申立てに際しては、相続人間で取りまとめた遺産分割協議の案文を添付書類として提出します。家庭裁判所は、提出された分割案が「不在者にとって不利益な案となっていないかどうか」を審理して許可するか否かの判断をするのです。このため、お兄様に何も相続させないような分割案や、法定相続分を大きく割り込む分割案の場合、家庭裁判所の許可が受けられない可能性もありますので、ご注意ください。

また、このような煩雑な手続きを避けるためにも、相続人に行方不明者がいるような場合には、生前に遺言を遺しておくとよいでしょう。

Q20.

兄は亡くなった父から、生前に土地の贈与を受けていますが、遺産分割に際して考慮できないのでしょうか?

A.

被相続人から遺贈や生前贈与を受けた相続人がいる場合、相続人間の公平性の観点から、民法は「特別受益」と呼ばれる規定を設けて法定相続分を調整しています。したがって、ご質問のケースでは、すでに生前贈与を受けているお兄様の相続分は、法定相続分よりも少なくなります。

特別受益とされるのは、①遺贈の全部、②「遺産の前渡し」としての性質を有する生前贈与で、②の具体例としては、不動産などの高額な財産、事業開設資金、負債返済資金などが挙げられます。同じ生前贈与でも、扶養の範囲内とされる金銭、遊興費のための金銭などは特別受益には該当しないので、ご注意ください。

特別受益がある場合の法定相続分の計算方法

■ 被相続人の相続開始時の遺産が 3000 万円、相続人が兄弟 2 人、兄が土地（時価 1000 万円）の生前贈与を受けていた場合

①　相続時の遺産の総額＋贈与による特別受益
　　3000 万円＋ 1000 万＝ 4000 万円
　　⇒　この計算を「持戻し」といいます

②　各相続人の相続分を乗じた額（一応の相続分）
　　兄　4000 万円÷ 2 ＝ 2000 万円
　　弟　4000 万円÷ 2 ＝ 2000 万円

③　具体的相続分
　　兄　2000 万円－ 1000 万円＝ 1000 万円（※）
　　弟　2000 万円

※計算の結果、兄の具体的相続分がマイナスになったとしても、生前贈与が無効となって土地の返却を求められるわけではありません。

Q21. 亡くなった父を介護してきました。他の相続人よりも多く遺産をもらうことはできますか？

A.

生前のお世話を献身的にされた方からすれば、より多くの遺産を相続したいと考えるのももっともなことですね。

民法では、被相続人の生前に、被相続人の財産を維持・増加することに特別の貢献をした相続人は、被相続人の遺産分割にあたって「寄与分」としてその事情を考慮することができるとされています。このため、被相続人が実のお父様または養子縁組をしている場合であれば、寄与分が認められる余地はあります。しかし、義理のお父様である場合には、相続権のないご質問者が寄与分の主張をすることはできません。次に、寄与の態様と程度が問題となります。寄与の態様について民法は、

①被相続人の事業に関する労務の提供・財産上の給付、②被相続人に対する療養看護等のいずれかに限定しています。ご質問者のケースでは、②に該当すると考えられますね。

ところで民法は、一定の近親者間に互いに扶養の義務を課しています。このため、介護の程度が日常生活のお世話や一時的な病気への対応にすぎない場合、寄与分が認められるほどの特別な貢献があったとは評価されないのです。

また、長期療養に対する介護であっても「被相続人の財産の維持・増加」への貢献が認められなければなりません。ご質問者が献身的に介護したことでヘルパーさんや介護施設の利用料が大幅に節約できたり、療養のための費用をご質問者自身が負担したりした等の特別な事情がない限り、やはり寄与分の主張は認められないこととなります。

以上の各要件が備わったとしても、他の相続人全員の合意が得られない場合もあります。この場合、具体的な寄与分の額が証明できる資料を準備したうえで調停を申し立て、解決案を模索することも検討できます。

Q22. 父の相続手続きを進めていたところ、父が幼い頃に認知した子の存在が発覚しました。どのように対応すればよいでしょう？

A.

相続手続きを進めていると、見たことも聞いたこともない相続人が発覚することもあります。ご質問のような認知のケースもそうですし、知らない間に縁組の届け出がなされていた養子の存在が発覚することもあります。

被相続人が遺言を遺されていればよいのですが、そうでなければ遺産分割協議をしなければなりません。遺産分割協議は相続権のある方が全員で合意しないと成立しませんので、このような相続人に対しても手続きへの協力を求める必要があるのです。

しかし、ご質問のような認知を受けた子の場合、幼いころに施設に預けられたまま一度も顔を見た記憶はない、産まれてすぐに養子に出され養子先でも不慣な生活を強いられたなど、亡くなった親御さんに対する否定的感情を強くお持ちのケースは少なくないでしょう。このような場合に、一方的に遺産分割協議案を郵送し署名押印を求めようとしても、手続きに協力いただけないことは目に見えています。

おそらくこの方は、親御さんが亡くなられた事実すらご存知ないでしょうから、まずは他界した事実をお知らせし、お墓を訪ねていただくお願いなどをするところから始めてみてはいかがでしょうか？

協議案を送付するとしても、遺産目録を作成し、遺産の評価額が分かる資料（不動産の登記事項証明書や評価証明書、預金の残高証明書等）や法定相続分の分かる相続関係説明図などを資料として同封し、法定相続分に見合う程度の遺産を相続いただくか、あるいは同程度の代償金の支払いをするなど、受け入れやすい案を提示するのが妥当でしょう。

どうしても協議ができなければ、家庭裁判所の調停を利用することもできますので、あきらめずに手続きと向き合ってください。

Q23. 知らない人から遺産分割協議書が送られてきました。どのように対応すればよいでしょう?

A.

遺産分割協議は、相続権のある方が全員で合意しないと成立しません。お手元に届いた遺産分割協議書をご覧になると「被相続人」としてあなたのご親族にあたる方が記載されているはずです。あなた自身が被相続人をご存知でなくても、何らかの親族関係があるはずですので、発信者に尋ねてみればよいですし、場合によっては発信者に相続関係説明図の送付を依頼し、被相続人との関係や発信者との関係、法定相続分の割合等を確認されることをお勧めいたします。

次に、送付された遺産分割協議書や同封資料を検討し、遺産が特定されているか、ご質問者の法定相続分の割合、ご質問者自身が相続を受ける遺産(代償金を含む）の有無等をご確認ください。

「すべての遺産を◯◯が相続する」というように個々の遺産が特定されていない場合や、特定はされているけれども遺産に関する資料が何も同封されていない場合には、直ちに署名押印をせず、発信者に対し遺産の存在や価値が確認できる資料（不動産の登記事項証明書や評価証明書、預金の残高証明書等）の送付を求めるようにしましょう。

そのうえで、提示された遺産分割協議案が妥当であると判断できる場合には、送付された書面に署名と実印の押印をし、印鑑証明書一通を添えて返信いただければ結構です。また、遺産を相続される意思がない場合も同様に対応してください。

提示された案に疑問や不服がある場合には、その旨を発信者にお伝えし率直なご希望を提示してあげるとよいでしょう。ただし、法定相続分を大きく上回るような希望は現実的ではありません。相続人の皆さんがそれぞれ納得できるような、建設的な話し合いが進められるとよいでしょう。

Q24.

父の相続に関し、弟から「自分は何もいらないからお任せする」と言われました。他の兄弟との協議はまだなのですが・・・

A.

遺産分割協議は相続権のある方が全員で合意しないと成立しませんが、ご質問のように「私は何もいらない」というケースや、「現金で○万円もらえればそれ以上はいらない」などのケースのように、一部の相続人との間では話し合いが済むことはよくあります。

このような場合に、他の相続人との遺産分割協議が調うまで何の手続きも進められないとすると、せっかく申し出をいただいた方が、協議の成立までに死亡したり認知症を患ったりすることで、遺産分割協議の成立そのものに支障が生じることも考えられます。また、気持ちの変化が生ずることも想定できます。

そこでこのような場合には、「相続分譲渡」という方法をお勧めします。相続分譲渡とは、自分の相続分を包括的に他人に譲渡する方法のことで、譲り受けた方は譲り渡した方の相続分を主張して、遺産分割協議に加わることができます。ご質問のように相続人の一人が譲受人となる場合、譲受人は自身の相続分と譲渡人の相続分の双方を主張することができるわけです。

もちろん、相続人以外の第三者にも相続分を譲渡することは可能ですので、この場合、相続人ではない方が遺産分割協議に加わることも想定されるわけです。

ご質問のケースでも、弟さんから「相続分譲渡証明書」に署名と実印の押印をしてもらい、印鑑証明書一通を受領しておけば、弟さんとの関係では相続手続きが完了するわけです。弟さんの場合は無償譲渡となりますが、有償での譲渡を希望される方には、署名押印、印鑑証明書一通の受領と引き換えに譲渡代金をお支払いいただくとよいでしょう。

Q25.

父の遺産をすべて相続する代わりに母の面倒をみるはずの兄が、約束を守りません。遺産分割協議を解除できますか？

A.

相続人全員の合意により解除して改めて遺産分割協議をすることは認められていますが、母の面倒をみないことを理由に、一部の相続人が一方的に解除することはできないと考えられています。遺産分割協議は、その性質上、成立と同時に終了し、あとは成立した約束ごとを実行する義務だけが残ると考えられています。なぜなら、一部の相続人が約束を守らないことを理由に解除できるとなると、いつ解除されるかもしれないという不安定な状態が続くことになるからです。

このような点で、「商品が届かないから売買契約を解除する」というような、一般の契約とは大きく性質が異なります。

例えば、「遺産を取得する代わりに代償金を支払う」という遺産分割協議が成立した場合、仮に代償金が支払われなかったとしても解除はできず、代償金の支払いを求める法的手続きをとることになるのです。

しかし、ご質問のように「母の面倒をみる」という行為は、残念ながら法的手続きで強制できる性質のものではありません。「母と同居する」「兄弟仲良くする」などといった約束も同じです。

そこで、このような内容を含めて遺産分割協議を行う場合は、あらかじめ「母の面倒をみない場合は遺産分割協議を解除する」という条件を明確に盛り込んでおくということが考えられますが、このような条件は無効であるとする裁判例もありますので、お勧めできません。

したがって、「母の面倒をみる」というような法的に強制できないことを遺産分割時の約束ごととして盛り込む場合、現実的には「約束を守らなかったら違約金を支払う」という条件をつけておくぐらいしか方法がありません。また、「母の面倒をみる」ことの解釈を巡って争いが生じることも考えられますので、表現方法にも注意が必要でしょう。

Q26. 死亡した父と同居していた兄から「遺産は何もない」と言われましたが、調査する方法はありますか？

A.

遺産の種類によって調査方法は異なりますが、遺産の全容を把握しているお兄様の協力が得られない場合は、困難であると思われます。とはいえ、次のような方法によりある程度の把握はできるものと思われますので、実行してみてはいかがでしょうか。

まず、土地や建物の不動産については、市区町村役場の税務課等の固定資産税を取り扱っている部署で、お父様が所有していた不動産の「名寄帳」を取得できます。「名寄帳」を請求する際には、あなたがお父様の相続人であることを証明するために戸籍謄本の提出を求められると思われますので、あらかじめ問い合わせておくとよいでしょう。

名寄帳が取得できたら、法務局で土地や建物の登記事項証明書を取得しましょう。登記事項証明書には、不動産の所有者の推移、抵当権などの担保の状況などが記載されています。お父様に負債がある場合、これらの記載により借入先の金融機関が判明することもあります。

不動産を所有していたはずなのに名寄帳が発行されない場合、生前に別の方に名義変更されている可能性もあります。その場合も登記事項証明書を取得すれば、名義変更の経緯は分かります。

預貯金については、すべてを一元的に調査する方法はありませんので、お父様が取引をしていたと思われる金融機関の支店で、残高証明書の発行を請求してみましょう。この場合にも、あなたが相続人であることの証明として、戸籍謄本の提出が求められます。

預貯金の存在が分かったら、その口座の二年分程度の取引明細書の発行を請求してみてください。口座上でのお金の動きが分かりますから、場合によっては生命保険料の支払いや、使途不明の多額の出金を発見できるかもしれません。

Q27.

亡父名義の建物を取り壊して土地を売却する予定です。わざわざ費用をかけて相続登記をする必要があるのでしょうか?

A.

不動産の登記制度は、所有権などの権利がどのように発生し、移転し、消滅したかということを公示するものですので、原則として、発生した事実に沿って登記する必要があります。

したがって、すでに名義人であるお父様が亡くなっている場合、売却をする前に相続登記をしておく必要があるのです。

この際、誰の名義で相続登記をするかがしばしば問題になります。たとえば、売却代金を相続人で分け合う約束がある場合、その割合と同じ割合の共有名義で相続登記しておくのがよいでしょう。

仮に、土地は相続人の内のひとりが相続し、売却代金は他の相続人と分け合うこととした場合、売主と売却代金の配分先とが異なることとなり、贈与税が課税される可能性もありますのでご注意ください。

なお、建物については取り壊す予定とのことですので、必ずしも相続登記をする必要はないように思われます。建物を取り壊した場合には建物の滅失登記を申請することになるのですが、滅失登記の申請をする際に建物の名義人が亡くなっているときは、相続登記をせず、相続人のひとりが申請人となることができるからです。

ただ、気を付けていただきたいのは、建物の相続登記はしないとしても、建物を誰が相続するのかは、遺産分割協議で決めておかなければならないということです。相続が発生した段階で建物は相続人全員の共有状態になりますので、そのままでは、相続人全員が合意しなければ建物を取り壊すことはできません。しかし、遺産分割協議によって特定の相続人が相続することになっていれば、その方の意思で取り壊すことを決めることができるからです。

Q28.

亡父名義の建物があり、固定資産税も納めていましたが、法務局で調べてもらったところ「建物がない」と言われました・・・

A.

市区町村では、固定資産税を課税するために、建物の新築、増築、取壊しなどについてさまざまな情報収集を行って固定資産課税台帳を作成し、正確に課税するよう努めています。

一方、法務局が所管する登記は、不動産の所有者に対し、表題登記(所在、家屋番号、種類、構造、床面積など)を申請する法令上の義務が課せられています。また、金融機関から融資を受けて建物を建築する場合には、金融機関の融資条件として建物の表題登記申請を求められるのが通常です。しかし、融資を利用しないケースでは、表題登記を申請しないことも実際にはしばしば目にします。

このため、市区町村で管理する固定資産課税台帳に登録されている建物が、法務局で登記されていないという現象が生じるのです。

建物が未登記の場合、相続に際して表題登記を申請していただきたいと思います。亡くなった方が建てた建物でも、相続人名義で表題登記の申請が可能です。表題登記が行われれば、法務局から市区町村へ通知され、市区町村の固定資産課税台帳の名義も相続人に変更されますので、翌年からは所有権を取得した相続人宛に固定資産税の納税通知書が送付されることになります。

もしも、費用の面などにより表題登記の申請は見合わせたいということであれば、固定資産課税台帳の登録名義だけを変更することもできます。具体的な手続きは市区町村の担当課に問い合わせていただきたいのですが、原則として、戸籍謄本と遺産分割協議書(印鑑証明書付き)が必要となります。

このように、不動産に関する台帳には、法務局で管理している登記記録と、市区町村の固定資産課税台帳のふたつがあることをご理解ください。

Q29.

農業を営む父が亡くなり、たくさんの農地が遺されました。農地を相続する場合には、何か注意することはありますか？

A.

農家の方の場合、農業を継ぐ相続人が単独ですべての農地を相続することが多いようですね。

ところで、農地の所有権を移転する場合、原則として農業委員会の許可が必要です。農地として使用したい人に所有権を移転する場合、譲受人が農業従事者として適格かどうかという観点で審査が行われますし、農地以外の用途として使用するために所有権を移転する場合には、そのような転用が一定の基準に合致しているかどうかが審査されます。

しかし、相続を原因として農地の所有権が被相続人から相続人に移転する場合には、農地法の許可は不要とされていますので、農地以外の相続と同様、話し合いによって相続財産の帰属を決めることができます。

遺言がある場合は、その内容によって許可の要否が変わります。

相続人のどなたかに「相続させる」遺言の場合は、農地法の許可は不要です。また、「Aに包括的に遺贈する」という遺言は包括遺贈と呼ばれていますが、この場合にも農地法の許可は不要とされています。

しかし、「どこそこの農地をBに遺贈する」というように、遺贈する物件が特定されている場合（特定遺贈と呼ばれます）、受遺者が相続人以外のときには農地法の許可を得る必要がありますので、ご注意ください。

ところで、農地を相続した場合には、相続発生から一〇か月以内に農業委員会に届出をしなければならないこととされています。これは、現在、耕作放棄地が増え続けているため、農業委員会が農地の権利取得者を把握し、農地取得者が農地を利用できない場合には、農業委員会が貸借などを斡旋するねらいがあるためといわれています。この届出をしなかったり、虚偽の届出をしたりした場合には、一〇万円以下の過料が課せられることがありますので、ご注意ください。

Q30.

祖父の相続手続きを進めていたところ、昭和一五年に登記された個人名義の抵当権の存在が判明しました・・・

A.

お尋ねのように、古い時代の抵当権の登記や所有権の仮登記などが抹消されることなく現在も残ってしまっていることは、しばしばあります。このような登記は抹消登記の申請をしなければ消えませんので、何らかの方法で抹消登記を申請しなければなりません。

ここでは、お尋ねのような抵当権の抹消方法を考えてみますが、その前提として、抵当権が本当に効力を失っているのか確認しましょう。

抵当権は、何らかの債務が履行されない場合に、抵当権を登記した不動産を強制的に売却して、その売却代金から弁済してもらうことを目的として設定されるものです。したがって、抵当権を抹消するためには、抵当権で担保された債務が消滅している必要があります。お尋ねのケースでは、債務が実際に弁済されたのかどうかは分かりませんが、少なくとも一〇年が経過して時効期間が満了しているものと思われますので、既に債務が消滅していると考えてよさそうです。

そこで、抵当権の名義人を探し出して抵当権抹消登記に協力してもらうことになりますが、昭和一五年に登記された抵当権ですので、名義人は既に亡くなっているることでしょう。そうすると、名義人の相続人を探し出して、抹消登記手続きに協力してもらわなければなりません。

なお、もしも抵当権の登記名義人やその相続人を探し出すことができない場合には、簡易な方法として、債務額全額を供託したうえで抵当権を抹消する方法も用意されています。

今回は個人名義の抵当権ということですが、法人名義の抵当権が残っているということもしばしばあります。いずれにしても、専門的知識を必要とする手続きですので司法書士にご依頼されることをお勧めいたします。

Q31. 亡父が生前に農地を購入していましたが、名義変更が済んでいません。どうしたらよいのでしょうか？

A.

農地を取得するには、原則として農地法に定められた許可を得る必要があります。農地を取得する場合の許可について、農地法は、農地を農地として利用するために取得する場合と、農地を農地以外（宅地等）に転用して利用するために取得する場合のふたつを定めています。いずれも、許可を得ようとする農地の所在地を管轄する農業委員会の所管となります。

お父様が生前に農地法の許可を得ているのであれば、売買を原因に亡くなられたお父様へ名義変更登記をすることができますので、その後に相続を原因として相続人のどなたかに名義変更登記をすればよいでしょう。なお、相続を原因として農地を取得する場合には農地法の許可は不要ですので、どなたでも農地を相続することができます。

しかし、お父様が生前に農地法の許可を得ていない場合も考えられます。農地の場合「将来、許可を得ること」を条件とする条件付き売買契約を締結することも、実務上は少なくないのです。

この場合、まずは農地法の許可を得ることができるかどうかを検討する必要があります。該当の農地が市街化区域内に存在するのであれば、手続きは容易に進められますが、市街化調整区域内の農地の場合、許可を得るための要件は細かく規定されており、簡単ではありません。

仮に、お父様が「条件付所有権移転仮登記」を経ていれば（登記事項証明書で確認できます）、相続を原因として仮登記の名義変更登記をすることはできますが、所有権自体を取得できるわけではありません。

このような場合も、お父様が該当の農地を取得してから二〇年以上経過している場合、管理の仕方によっては「時効」により所有権を取得できる余地がありますので、専門家にご相談なさることをお勧めします。

Q32.

亡くなった父の銀行預金について、私の法定相続分に相当する金額の払戻請求をしたいのですが、可能でしょうか？

A.

銀行預金のような分割することのできる財産について遺産分割協議がまとまらないような場合、ご質問のように、ご自身の法定相続分に相当する金額についてだけ払い戻しを受けるのであれば「他の相続人の権利を侵害しないのだから問題ないのでは？」と考えられるのももっともなことです。

しかし、金融機関としては、仮にあなたに法定相続分相当額を払い戻した後に、他の相続人から「○○に全部相続させる」という内容の遺言を提示されて全額の払戻請求をされたときには、対応に苦慮する事態も想定されます。仮に金融機関が訴訟で敗訴すれば、二重払いを強いられる可能性もありますので、慎重な対応となりがちなのです。

このような事情から、亡くなった方名義の預金に関する遺言や遺産分割協議書の提示があればそのとおりに払い戻しに応じてくれますが、そうでないときには、金融機関所定の書式に相続人全員の署名押印を求めるのが一般的です。

なお、最近では預金額の多寡、預金者や相続人らと金融機関との関係等の諸事情を考慮し、必ずしも相続人全員の署名押印を求めずに払い戻しに応じるケースもあるようですので、金融機関に相談してみるとよいでしょう。

もっとも、裁判例では、相続人が複数の場合で預金債権のような分割可能な遺産があるとき、その遺産は法律上当然に分割され、相続人の一人は法定相続分相当額の権利を取得するとされていますので、裁判例の考え方からすればあなたの請求も正当と考えられます。したがって、あなたが金融機関を相手に払戻請求訴訟を提訴すれば、法定相続分相当額の払い戻しが認められるものと思われます。

Q33.

亡くなった夫の勤務先から死亡退職金が支給されます。私がいただいてもよいですか？生命保険金はどうでしょうか？

A.

死亡退職金は、勤務先の会社が定める就業規則等に基づいて支給されるのが一般的です。死亡退職金の性質について裁判例では、支給基準、受給権者の範囲や順序等が法令、労働協約、就業規則等で明確に規定されている場合には、規定に定める遺族固有の権利であり、相続財産にはあたらないと判断しています。

退職金共済として比較的よく利用されている「中小企業退職金共済」でも、請求権者の第一順位として配偶者、第二順位として子と明確に規定されていますので、死亡退職金は遺族の固有の権利といえます。

したがってご質問のケースでも、死亡退職金があなたに対して支払われる性質のものであれば、そのままお受け取りいただいて構いません。

一方、就業規則等に規定がない場合でも、慣例として遺族に対し死亡退職金が支給されることもありますが、このような場合、支給された死亡退職金の性質はご主人の生前の労働に対する功労報償という意味合いが強くなるため、ご主人自身が有していた権利と評価すべきです。

したがって、このような場合には、死亡退職金は遺産となりますので、直ちにあなたが受け取ることはできず、遺産分割協議をする必要があるものと考えます。

一方、生命保険金について裁判例は、被保険者が死亡した時に初めて保険金請求権が発生すること、支給される保険金が払い込んだ保険料との対価関係に立つものではないこと、被保険者の稼働能力に代わる給付ではないこと等の理由により、「遺産を構成しない」という考え方に立っています。したがって、保険金請求権は受取人固有の権利となるので、遺産分割協議をする必要はありません。

Q34.

亡くなった父はアパート経営をしていました。相続に伴う家賃収入や敷金の取扱いはどのようにすればよいですか?

A.

アパートの貸主(賃貸人)に相続が発生した場合には、賃貸物件であるアパートの所有権を相続した方が、原則として賃貸人の地位を承継します。

アパートの所有者であることと賃貸人となることとは、一応は別の法律関係になりますが、通常は、所有権の移転に伴い、賃貸人としての地位も当然に新しい所有権者に移転するものと考えられています。

したがって、相続人間の遺産分割協議により賃貸物件となっているアパートを相続されたご質問者は、賃貸人としてアパートの維持・管理をしたり契約終了時には敷金を返還したりする義務、対価としての賃料を受け取る権利を当然に承継したことになるわけです。

ところで、遺産分割協議が成立するまでには一定程度の時間を要しますが、賃料は毎月発生します。遺産分割協議が成立し相続登記が済んだ後に発生する賃料は、アパートの新賃貸人に帰属することになりますが、相続登記前に発生した賃料の帰属先が問題となります。

この点、裁判例では、この間に発生した賃料は「相続人全員に法定相続分に応じて帰属する」とされている点にご注意下さい。つまり、遺産分割協議により新賃貸人となった方が、相続開始時までさかのぼって賃料全額を取得できるわけではなく、法定相続分に応じて配分されるべきものとなるわけです。

逆に借主（賃借人）にとっては、遺産分割協議により新賃貸人が決まるまでの間は、相続人の一人に賃料を全額支払うことは危険です。他の相続人から「私の法定相続分相当額を支払え」と請求された時に、二重払いを強いられる可能性もあるからです。そこでこのような場合、賃借人としては、法務局への賃料の供託を検討する必要があるのです。

Q35. 会社を経営する父が急死しました。長男である私が会社を引き継ぐ予定ですが、注意する点はありますか？

A.

会社の経営者に相続が発生した場合、個人の相続手続きと会社の継続という二つの点を考慮しなければなりません。

個人の相続手続きは本書の他のQで解説するとおりですが、特に会社の継続という観点から、亡くなられた方が経営されていた会社の株式をどなたが承継するかという点に注意が必要です。

仮に、亡くなられた社長さんが会社の全株式を所有していたとします。相続人があなたを含めたご兄弟三名とした場合、株式を三名のご兄弟で分割してしまうと、会社を引き継ぐあなたの株式が株式総数の三分の一だけとなってしまいます。この場合、会社の運営にあたっては他のご兄弟の意向を無視するができなくなりますし、お二人がその気になれば、あなたを会社の代表者から解任することさえ可能となります。

したがって、会社を承継されるあなたは、少なくとも過半数の株式を遺産分割協議により相続すべきと考えます。

また、他のご兄弟が株式の相続権を譲らない場合も、会社の定款に「相続人に対する株式の売渡請求に関する定め」がある場合には、一定の条件の下で、株式を相続した他のご兄弟に対し、会社へ株式を売り渡すことを請求できます。この場合、他のご兄弟は売り渡しを拒むことができませんので、条件さえ合えば活用できる制度です。

なお、株式の相続に伴う株主の変動は登記事項ではありませんので、会社に備え置かれた株主名簿の記載を変更しておくだけで足ります。しかし、役員の変動は登記事項となります。あなたが後任の代表者に就任されるようですので、前任者であるお父様の死亡による退任登記とあなたの代表取締役への就任登記手続きを、死亡の日から二週間以内に行う必要がある点にご注意ください。

Q36.

亡くなった父に一〇〇〇万円の銀行借入れがあります。母と弟から、私がすべて相続するように言われていますが・・・

A.

被相続人が生前に負担していた債務も相続の対象となります。債務の内、金銭の支払いに関するものについて民法は、相続人全員（相続放棄（Q４２）をした者は除きます）に対し、法定相続分の割合に応じて当然に分割して承継されると定めています。

資産のように遺産分割の対象にはなりませんので、ご質問のケースであなたが全額を相続したい場合、以下の手続きを踏む必要があります。

① 相続の開始により、お母様が五〇〇万円、あなたと弟さんが各二五〇万円の債務を当然に相続する

②　あなたが、お母様と弟さんの相続した債務を免責的に引き受ける

③　銀行に、②の債務引受を同意してもらう

免責的債務引受により、お母様と弟さんの支払義務はなくなりますが、この契約は債権者である銀行の同意が条件となりますので、銀行が同意しない限り債務引受の効果が生じない点に、ご注意ください。

仮に、この一〇〇〇万円を担保するために抵当権が設定されている場合は、債務者が変更したことに伴う変更登記手続きも必要となります。なお、債務者変更登記手続きを行うためには、抵当権が設定されている不動産の相続登記が完了している必要がある点にも、ご注意ください。

また、事業資金の借入れなど、継続的な取引が見込まれる場合によく利用される根抵当権が設定されている場合で、債務を相続されるご質問者が今後もこの根抵当権を利用して銀行から新たな融資を受ける予定がある場合には、相続開始後六か月以内に所定の変更登記手続きを行う必要があります。特に、お父様が事業経営をされていたような場合には、お父様名義であった不動産の登記事項証明書を確認し、根抵当権設定登記の有無を確認されるとよいでしょう。

Q37. 亡くなった夫は、知人がアパートを借りる際の連帯保証人となっていました。相続によりどんな影響がありますか?

A.

債務も相続の対象となります。金銭を支払うことを内容とする債務は、各相続人に対し法定相続分に応じて当然に承継されるのが原則です。この点は、保証債務も同様ですので、仮に相続人があなたとお子さんがお二人であれば、あなたが四分の二、お子さんがそれぞれ四分の一の割合で保証債務を承継することになります。

ところで、アパートを借りるような賃貸借契約は、長期間にわたる契約であることから、貸主と借主の信頼関係が重要と考えられています。たとえば、借主が賃料の支払いを一～二か月遅れたとしても、その程度ではお互いの信頼関係は破綻していないと考えられ、契約の解除が認められないのが通常です。また、貸主にとっては「この人なら貸してもよい」と考えた借主が知らない間に別の人に又貸ししているような場合には、もはや信頼関係は維持できないため、即時の解除が認められるのです。

そうすると、貸主と保証人との信頼関係、借主と保証人との信頼関係という点を考慮し、保証契約も相続により消滅するのではないかとも考えられるのですが、裁判例では「相続される」と判断しています。

賃貸借契約における保証債務は、賃料の支払いだけでなく、借主が賃貸借契約の条項に違反したことによって貸主に何らかの損害を与えた場合の損害賠償金の支払いにまで及ぶと考えられています。

しかし、保証債務を相続した方と借主とは、面識すらないようなケースも少なくないでしょう。相続を機会に、貸主に対し、別の保証人との交代をお願いするなり、借主の賃料の支払い状況を確認するなりすることをお勧めします。仮に、すでに借主が長期滞納をしているような場合には、保証人からの解除を認めた裁判例もありますので、いちど専門家にご相談されることをお勧めします。

Q38.

亡くなった夫は、姪が大学を出て就職する際に頼まれて身元保証人となっていますが、何か影響はありますか?

A.

就職に際し、勤務先から身元保証人を求められることがあります。身元保証人とは、従業員が勤務先に損害を与えた場合に、その賠償責任を保証する者です。保証債務も債務の一つである以上、相続の対象となるのが原則ですが(Q37)、身元保証人としての責任は、相続の対象とはなりません。

通常の保証契約と違い、身元保証では、保証する親族らが、今後長い期間にわたって就業するに際し、勤務先に対してどのような損害を生じさせ得るのかまったく予測できない状況の下、「親族らの就職に必要ならば応援してあげよう」との思いで身元保証人を引き受けるケースがほとんどでしょう。つまり、保証の対象となる責任が不明確なまま、身元保証人を引き受けているのです。

このように、特別な信頼関係に基づく特殊な保証契約と位置付けられる身元保証人の地位は、被相続人だけに属する地位（一身専属権）と考えられており、相続人には承継されないのが原則となります。

一身専属権に含まれるものとしては、身元保証のほかにも、親子等の身分関係の確認を求める地位、特殊な営業の許可、扶養を求める権利、組合員間の契約に基づく権利、生活保護を受給する権利、労働契約上の地位などがあげられます。

なお、身元保証契約に基づき、身元保証人の相続開始時にすでに発生していた損害賠償債務は、現実化した金銭債務として相続の対象となりますので、ご注意ください。

Q39.

亡くなった父の葬儀費用の支払いに、香典と父の遺産を充ててもよいですか？　また、お墓の管理は誰が行うのですか？

A.

香典は、葬儀の際に死者の霊前に供える金員であり、法律的には葬儀の主催者（喪主）に対する贈与と考えられます。香典を供する参列者としては、死者への供養という面と、残された家族へのお見舞いという面の双方の思いをお持ちだと思いますが、一般に、葬儀には相当程度の費用が必要なことは周知されていますので、喪主が香典を葬儀費用の一部に充てることは想定されているものと考えられます。

したがって、香典は故人の財産ではなく、喪主が贈与を受けた喪主固有の財産と考えられますので、喪主が受領した香典を葬儀費用に充てることは、何ら問題がありません。

ところで、受領した香典が葬儀費用を下回る場合に、喪主がその不足分を他の相続人に対し請求できるのかという点が争われた裁判例があります。この事案では「相続の開始後に発生した葬儀費用は、相続債務に該当しない」と判断されています。葬儀はあくまで、喪主が計画を立てて主宰するものであり、不足分が生じた場合には喪主自身が負担すべきという結論が示されているのです。したがって、葬儀費用の不足分を遺産の中から支払うことは、相続人全員の同意がない限り認められないのが原則なのです。

また、お墓について民法は「墳墓の所有権は慣習に従って祖先の祭祀を主宰すべきものが承継する」と定め、遺産とは明確に区別しています。祭祀承継者を遺言で指定することはできますが、遺言による指定がない場合は遺産分割協議の対象とはならず、家庭裁判所が定めることになっています。なお、遺骨やお墓の管理にかかる費用なども、すべて祭祀承継者に帰属するとされています。

Q40. 父の遺産を調べていたところ、昭和一五年に死亡した祖父名義の山林の存在が判明したのですが・・・

A.

昭和一五年に発生した相続ということですので、戦前の民法が定める「家督相続」により、比較的簡単に相続手続きを行うことができそうです。

家督相続とは、昭和二二年五月二日までに発生した相続について、戸主（戸籍上の家の長のこと。現在の戸籍では「筆頭者」と呼ぶ）の地位を、次に戸主となる者が単独で相続する制度のことです。

代表的な例をあげれば、父に子どもが何人いたとしても長男が家督相続人となり、家の財産は長男がすべて当然に受け継ぐということです。

このように、前戸主の財産のすべてを受け継ぐ家督相続人は、家の財産を掌握して強い権限を持つ一方で、家族の面倒をみる立場にありました。この家督相続は、戦後の民法改正により廃止されています。

ところで、家督相続は必ずしも戸主の死亡によってのみ発生するわけではありません。隠居（戸主が家督を他の者に譲って隠退すること）、入夫婚姻（夫となる者が女戸主である妻の家に入る婚姻等のこと）などによって、戸主の生前中に家督相続が発生することもあります。

家督相続は、原則として長男がすべてを相続することになりますが、長男がいない場合は前戸主の直系卑属（亡くなった長男の弟ほか）が家督相続人になるなど、明確なルールが決められていました。また、誰が家督相続人となったかについては、戸籍に記載されました。

したがって、おじい様の財産は戸籍謄本に記載された家督相続人が承継している可能性が高く、その場合には、遺産分割協議を経ずに家督相続人の名義に所有権移転登記をすることができます。

なお、昭和二二年五月三日以降に発生した相続については、戦後の新民法が適用されることになりますので、相続発生日にご注意ください。

Q41.

相続が発生した場合、相続人が財産等を承継するかしないかの選択ができると聞きましたが、どのような態様がありますか？

A.

相続が開始した場合、相続人は次の三つのうちのいずれかを選択することができます。

①　単純承認・・・相続人が被相続人の土地の所有権等の権利や借金等の義務をすべて受け継ぐ方法

②　相続放棄・・・相続人が被相続人の権利や義務を受け継がない方法

③　限定承認・・・被相続人の債務がどの程度あるか不明であり、財産が残る可能性もある場合等に、相続人が相続によって得た財産の限度で被相続人の債務の負担を受け継ぐ方法

相続人が②の相続放棄または③の限定承認をするには、原則として、自分のために相続が開始したことを知ってから三か月以内に、家庭裁判所に対し相続放棄や限定承認をする旨の申述をしなければなりません。なお、限定承認は相続人全員でする必要があります。

この期間内に相続財産の一部を処分したり、相続放棄や限定承認の申述を行わなかったり、これらの申述をしたにもかかわらず相続財産を消費してしまったりした場合は、単純承認をしたものとみなされます。

なお、相続放棄をした者は、初めから相続人ではなかったことになります。例えば、被相続人の子だけが相続人であって全員が相続放棄をした場合、子全員は最初から相続人でなかったことになり、直系尊属（親等）が相続人になります。さらに直系尊属の全員が相続放棄をすると、兄弟姉妹が相続人になるのです。

ところで、相続人となっていても相続財産を受け取らないという場合と、相続放棄した場合とは全く意味が異なります。前者の場合は、プラスの財産は取得しないとしても、被相続人の借金は相続することになります。借金を受け継ぎたくない場合は、必ず相続放棄をしましょう（Ｑ４２）。

Q42.

父が死亡しました。事業資金として数千万円の借入れがあり、相続放棄を勧められましたが、どのような手続きですか?

A.

相続放棄とは、その名のとおり相続人が遺産の相続を放棄することです。相続放棄をするためには、家庭裁判所に対し、被相続人の死亡を知った時から原則として三か月以内に相続放棄の申述をしなければなりません。なお、相続財産の全容が不明であるなど、三か月以内に相続放棄をすべきかどうかの判断ができない場合には、家庭裁判所に申し出てこの期間を伸長することもできます。

時折、遺産分割協議において何も遺産を取得しなかった場合に「放棄した」という方がおりますが、この場合の「放棄」は単に「遺産を相続しない」という意味にすぎず、ここでいう「相続放棄」とは違います。

相続放棄をした者は最初から相続人ではなかったものとみなされますが、単に遺産分割協議において遺産を相続しないというだけでは、相続人としての地位は変わりません。むしろ、遺産分割協議をしたことにより相続を単純承認したこととなりますので、もはや相続放棄をすることはできないのが原則である点に、注意する必要があります。

お父様の借金については、相続放棄をすれば支払義務を免れますが、遺産分割協議で特定の相続人が借金を引き受け、あなたは一切引き受けないと定めたとしても、債権者の同意がない限り、あなたを含めた相続人全員が法定相続分にしたがって支払義務を当然に引き継ぐのです（Ｑ３６）。

なお、相続放棄を検討されているのであれば、お父様の相続財産には一切手をつけないでください。仮にお父様の財産を消費してしまった場合、相続放棄が認められないことがあります。

また、生命保険金や年金など、相続放棄をしても受け取ることができる財産もありますので、専門家に相談しながら慎重に手続きを進められることをお勧めします。

Q43. 父が多額の借金を残して死亡しました。自宅も父の財産なので相続放棄をすべきか迷っています。どうすればよいでしょう？

A.

ご質問のケースでは、限定承認という手続きが利用できます。限定承認は、相続によって得た財産の限度においてだけ被相続人の債務と遺贈を弁済することができる制度です。

被相続人の債務は相続財産だけで清算するため、相続財産で債務が清算しきれないときでも、相続人が自己の財産で弁済する義務は負いません。また、清算の結果、相続財産が余れば相続することもできます。

次のようなケースは、限定承認を検討してみるとよいでしょう。

① 債務超過か否か不明な場合

② 相続財産の範囲内であれば負債を引き継いでもよいと考える場合

③ 負債はあるが、自宅など相続したい財産がある場合

限定承認をするには、被相続人が亡くなったことを知ったときから三か月以内に財産目録を作成して家庭裁判所に申し出をする必要があります。この申し出は、相続人全員が共同で行う必要があります。

このように、相続が発生したら、相続を承認するのか、放棄するのか、限定承認をするのかを判断する必要がありますから、相続が発生した早い段階から、相続財産の内容を調査することが重要です。

この期間内に申し出をしない場合や、相続財産を処分(遺産分割協議をする、預金を解約する、負債を支払う等)してしまった場合などでは、限定承認ができなくなりますので注意が必要です。

限定承認の申し出があると、家庭裁判所は、相続人の中から財産管理人を選任します。選任された財産管理人は、相続財産に対して貸金請求権などを有する債権者や遺言による受遺者は申し出るように催告し、債務の額を確定させたうえで、債務の清算を進めていくことになるのです。

事件簿より①　～相続は人間関係の縮図です

田中さんは、息子さんと共に事務所を訪れた。先日、母親が亡くなり相続手続きを進めたいとのことであった。

息子さんは第一印象から爽やかで、名刺には「A株式会社・代表取締役」とあった。その後、田中さんの名刺を受け取ると同じく「A株式会社・取締役」という肩書が見えた。聞けば先代から続く小さな町工場を、代々引き継いでいるとのこと。

「会社の経営の方はいかがですか?」息子さんに尋ねると「お陰様で順調です」とやはり爽やかな声で答えが返ってきた。「それはいいですね」と答えながら、ふと横に座る田中さんの顔をみると、目を細めて満面の笑みを浮かべていた。「田中さん、良かったですね。私もいろいろな会社の社長さんとお話をしますが、会社の引き継ぎには皆さん悩んでいらっしゃいますよ。息子さんに上手くバトンタッチできてよかったですね」「それは、私も本当に喜んでいるんですけどね・・・」満面の笑みを浮かべていた田中さんの顔が、今度はみるみるうちに曇りだしたのだった。

「どうしました?」と尋ねると「ほかでもない、母親の相続のことですが・・・実は、息子に任せた会社の敷地が母名義なんです」とのこと。そこで私は、いくつかの質問を投げかけてみた。「相続人さんは何名いらっしゃるのですか?」「私と弟の二人です」「弟さんはどうお考えなのですか?」「それが、まだ、しっかりと話ができていないんです。ただ、弟は父の相続のときにも自宅の敷地を相続していますし、母の面倒をみたのは私です。それなのに、母の相続の話になると、むっとした顔をして家の中に引っ込んでしまうんです」

私はさらに質問を続けた。「お母様の財産はその土地のほかに何かありますか?」「農協に少しだけ定期が残っています」「田中さんは、どうされたいのですか?」「土地を私の名義にし、事業を継ぐ息子に託したいです」

ここで私が「田中さんのお気持ちはわかりました。ただ、ご存知のとおり、お母様の遺産を分けるには、弟さんともしっかり話し合っていただき、その結果を遺産分割協議書という書面にする必要があります」と説明するや、田中さんは口を真一文字に閉じて沈黙してしまった。

その様子を見ながら横にいた息子さんが「先生、それは父も分かっているんです。ただ、叔父が・・・」と割り込んできた。

少し沈黙が続いた後、私はゆっくり田中さんに話しかけた。「私からどちらがどれくらい貰うべきだとは言えません。お二人でとことん話し合って決めていただくことになります。ここからは、一般論として聞いてください。兄弟にはそれぞれ想いがあります。相続は今までの人間関係の縮図です。そして、兄弟には光と影があると私は感じています。例えば、親がかけてきた言葉の積み重ねが長い時間をかけて、光と影をつくってしまっています」

すると田中さんが、重たい口を開いた「そういえば、弟はいつも私に会うと〝兄貴ばかり〟と言っていました」

「そこにヒントがあると思いますよ」私はすかさず、一枚の紙を用意して目の前にあるコップに横からその紙を当てた。「これではコップは動きません。でも・・・」と今度は、コップの下に紙を敷いてその紙を横に引っ張った。すると田中さんは「なるほど、下に入り込めば動くのですね」とつぶやいた。

「まずは、弟さんの話をしっかりと聞いてあげてください。聞くに堪えない言葉を浴びるかもしれません。でも、それは弟さんの心に溜まっている心の膿と思って聞いてあげてください」私の説明にしばらく沈黙を続けた田中さんは「やってみます」と凛とした声で返事をしてくれた。

それから半月後、田中さんが突然事務所を訪れ「先生、ありがとうございます」と深々と頭を下げた。顔を上げるとそこには息子さんを見て満面の笑みを浮かべたときと同じ細い目をしながら、「弟と話し合いをすることができました。ありがとうございました」と話す田中さんがいた。

「そうですか。頑張られましたね」との私の言葉に「はい、頑張りました。少し辛かったですけど」と苦笑いをしながらも、田中さんの顔は、息子さんへの事業承継の道が開けた安堵感でいっぱいであった。

第三章　遺　言

Q1.

遺言を遺すことのメリットは何ですか?

A.

遺産分割などに関する紛争防止が期待できますし、ご家族にご自分の気持ちを伝える手段としても活用できます。

人の死亡により相続が開始し、その遺産は法定相続人に法定相続分の割合で引き継がれることになります。しかし、それだけでは具体的にどなたがどの財産を引き継ぐのかが決まりませんので、財産の行き先を決める必要があります。それが「遺産分割協議」といわれるものです。

しかし、遺産分割協議に際して互いの利害や感情が交錯すると、遺産に関する紛争が発生してしまいます。今まで良好な家族関係が維持されてきたのが、相続をきっかけとして、いわゆる「骨肉の争い」ともいわれる状態になってしまうこともあり得るのです。

こんな時、もしも遺言が遺されていれば、このような事態に陥ることは避けられるかもしれません。もちろん、遺言が遺産分割に関する紛争防止に万能なわけではありませんが、遺言が遺されていれば、その役割が大いに期待できるものと思われます。

また、遺言には法的効果が発生する事項（遺産の分け方、遺言執行者（Ｑ２０）の指定、嫡出でない子の認知（第二章Ｑ７）ほか）だけでなく、残されるご家族に対する気持ちを書くこともできます。たとえば、このような遺産の分け方を指定した理由を書いたり、自分が死亡した後に家族がどのように生活していってもらいたいのかを書いたりすることもできるのです。そうすることにより、遺言に書かれた分け方に対し、ご家族の理解が増すこともあるのではないでしょうか。

遺言に法的手段としての存在意義があるのはもちろんですが、遺言者とご家族との間の最後の心の交流手段としても、大きな意義を持っているといえるでしょう。

Q2. 遺言はどのような活用の仕方がありますか？
（その二）
～子どもがいない夫婦

A.

子どもがいないご夫婦の場合は、遺言を書いておく必要性があります。検討してみて下さい。

たとえば、夫が死亡した場合をみてみましょう。

遺産、つまり夫死亡時の夫名義の財産（居住用土地建物、預金、自動車、家財道具ほか）は、今まで夫との共同生活を支えてきたものであり、夫の死後は、妻自身の生活を支えていく大事な財産です。

一方、妻以外の法定相続人は、次のとおりです。

① 夫の直系尊属（父母、祖父母など）

②　夫の直系尊属全員が夫より先に死亡している場合は、夫の兄弟姉妹（夫の兄弟姉妹が夫より先に死亡している場合は、その子）

つまり、妻は、自分と血のつながりがなく、また今まで生活を共にすることが少なかった、あるいはなかった親族と、夫の遺産の分け方について話し合いをすることになります。このような状況が妻を途方に暮れさせるのに十分であることは、容易に想像いただけると思います。

この時、夫が「私の財産全部を妻に相続させる」という遺言を遺しておいてくれれば、妻は他の法定相続人の協力を得る必要もなく、遺言により不動産や預貯金などの名義変更をすることができるのです。

なお、妻以外の法定相続人が兄弟姉妹の場合は、兄弟姉妹に遺留分（Ｑ２１）がありませんので、遺言を遺しておく必要性はとても高いです。

子どもがいないご夫婦の場合、自分が死亡したら自分の財産全部を配偶者に相続させるという内容の遺言を、お互いに作成されることをお勧めしたいと思います。

Q3.

遺言はどのような活用の仕方がありますか?
(その二)
~推定相続人の一人が行方不明

A.

民法では、行方不明者のように、従来の住所や居場所からいなくなって帰ってくる見込みのない人のことを「不在者」と呼び、家庭裁判所がその財産管理について必要な処分を命じることができると定めています。したがって、法定相続人の中に「不在者」がいる場合、家庭裁判所に不在者財産管理人選任の申し立てを行い、選任された不在者財産管理人に遺産分割協議に参加してもらうことができるのです。

しかし、この場合、不在者の相続分をゼロとするなど不在者の法定相続分を割り込むような遺産分割は、それが適切と認められる事情がある場合を除き、原則としてできません。仮に、遺産の全部を特定の相続人に相続させることに、不在者以外の相続人全員が同意していて、不在者もおそらく同意するだろうと思われる場合であっても、不在者の法定相続分相当分は不在者に相続させる必要があるのです。そして、不在者に相続させた遺産は、不在者財産管理人が管理していくことになります。

このような場合、遺言があれば、不在者財産管理人選任申立ての手続きをとる必要はなく、したがって、不在者の法定相続分を意識した遺産分割をする必要もないのです。もちろん、不在者に遺産の全部または一部を相続させる遺言を書くこともできます。その時も、不在者が相続した遺産を管理させるため、不在者財産管理人を家庭裁判所で選任してもらうことになります。

このように、法定相続人の中に行方不明者がいる場合、遺産分割をスムーズに進めるために、遺言を書いておくことをお勧めします。

Q4. 遺言はどのような活用の仕方がありますか?（その三）

〜財産を特定の相続人に引き継がせたい

A.

ご自身の意思をスムーズに実現させ、法定相続人間の紛争を予防するために、遺言を書いておきましょう。

ご質問のケースとしては、次のような場合が考えられます。

① 再婚したので、母親が異なる子がいる
② 現在の妻とは再婚で、妻と子とは血縁関係がない
③ 個人で事業を行っている

①の場合、法定相続人である子の中に被相続人と生活を共にしている子といない子がいたり、また、子同士が話をしたことがなかったりする可能性もあります。

②の場合であれば、妻が子と円満な人間関係を築けていない場合もあると思われます。

これらのケースでは、それぞれの境遇が異なるため、共通の価値観や相手方に対する理解、信頼に基づき遺産分割協議を行うことが困難となり、場合によっては遺産をめぐる紛争が発生する可能性もあるでしょう。このような場合、遺言により遺産の行き先を決めておけば、法定相続人間の紛争発生を防止することにもつながると思われます。

また、③の場合、あなたの個人名義になっている事業資産は、相続が開始すると遺産分割協議の対象になり、事業後継者に引き継がれなかったり他の法定相続人との共有状態で引き継がれたりする可能性があります。これでは、事業継続に支障が出ますので、事業用資産を後継者に引き継がせる内容の遺言をぜひ遺しておくべきです。事業が会社形態で行われている場合には、ご自身名義の株式が事業後継者に引き継がれるよう、遺言を書いておきましょう。

なお、遺留分権利者（配偶者・子・直系尊属）がいる場合、遺留分減殺請求（Ｑ２１）を受ける可能性があることをご承知おき下さい。

Q5. 遺言は自由に書いてもよいですか? 「エンディングノート」のようなものを活用することもできますか?

A.

エンディングノートとは異なり、遺言は民法で決められている方式に従って書く必要があります。

最近、「終活」という言葉に接する機会が多くなり、その活動のひとつとして「エンディングノートの作成・活用」が提唱されています。

「終活」とは、人生の円熟期を迎えたベテランの皆さんが、今までの人生を振り返り、誰もが迎えることになる死と正面から向き合い、残された人生をさらに充実したものにしようとする活動だと理解されています。ご自身の家族や、ご自身を支えてきてくれた方達に人生の思い出を語り、最期を迎えるに際して伝えておきたいこと（介護の方法、延命に対する意見、死後の連絡先、葬儀等に関する希望、財産に関することなど）を書き込むのが「エンディングノート」です。

エンディングノートは、自分の思いを自由に書けるという点でとても有意義なものだと思いますが、注意すべきことがあります。それは、「エンディングノート」＝「遺言」とは必ずしも言えないということです。遺言には満たすべき一定の要件があるからです。

民法では、遺言は法律の定める一定の方式に従って作成されなければならないと定められているほか、遺言に関する多くの規定が置かれています。「堅苦しいなあ」と思われるかもしれませんが、遺言は、遺産の分け方、子の認知（第二章Ｑ７）などの重要な法的効果を発生させる大切なものです。「大切なものだからこそ、いくつかの約束ごとが必要だ」とご理解いただきたいと思います。

Q6.
使えない遺言はありますか？（その一）
〜 財産、人の特定が不十分

A.

どの財産を誰に引き継がせたいのかが具体的に特定できていない遺言は、使えない可能性があります。

特に自筆証書遺言の場合、表現方法には十分に注意しなければなりません。遺言は作成者の死亡後に使用されるので、記載内容が不明確な場合、その内容について作成者に確認するわけにはいきません。遺言を読んだ方が、その内容を具体的に理解できるように書いておく必要があるのです。

たとえば、不動産について書く場合、その遺言を法務局に提出して登記手続きをするということを意識して書く必要があります。たとえば「自宅裏の五〇坪の空き地」などと書いてある遺言では、登記官がどの土地を登記すればよいのかがわかりません。不動産については、登記事項証明書を確認し、所在・地番(家屋番号)・地目(種類・構造)・地積(床面積)をそのまま書き写すと確実です。

預金や株式の場合も同じです。金融機関や証券会社が、どの預金、どの株式について解約や名義変更手続きを行えばよいのかわかるように書きましょう。預金なら、「ABC銀行の預金全部」、「ABC銀行○○支店定期預金(口座番号一二三四)」などと書けばよいでしょう。つまり、誰が読んでも、どの財産について手続きをすればよいのかの特定ができるように書くことを、心がけてください。

また、財産の承継者についても明確に書いてください。人の特定は「氏名・住所」、場合によっては「生年月日」も書き加えればよいでしょう。

書き方に不備があったために名義変更などができなくては、まさに死んでも死にきれないということになりかねません。くれぐれも注意して書き遺すようにしましょう!

Q7. 使えない遺言はありますか？（その2）
～相続人以外の者に対する農地の特定遺贈

A.

法定相続人ではない方へ農地を遺贈する場合、受遺者が農地法の許可を得ることができなければ、所有権移転の効果が発生しません。

農地や採草放牧地の所有権移転については、原則として農地法の許可が必要となります。許可が得られない場合、当事者間では売買、贈与等の約束をしても所有権移転の効果が発生しないことは、ご存知の方も多いと思います。これに対し、相続による農地の所有権移転には、農地法の許可は必要ありません。

それでは、遺贈の場合はどうでしょうか。受遺者が法定相続人であるか否か、包括遺贈であるか特定遺贈であるか否かによって、次のとおり結論が分かれますのでご注意ください。

①　包括遺贈の場合

「財産の全部を遺贈する」「財産の三分の一を遺贈する」等の場合です。この場合は、受遺者が法定相続人の場合でも法定相続人でない場合でも、農地法の許可は必要ありません。

②特定遺贈の場合

「〇〇市〇〇町一二三番の土地（農地）を△△に遺贈する」など、特定の農地だけを遺贈する場合です。

この場合、受遺者が法定相続人である場合は、農地法の許可は必要ありません。しかし、受遺者が被相続人の孫や甥姪、友人知人など法定相続人ではない場合、農地法の許可が得られなければ所有権移転の効果が生じません。したがってこの場合、遺言が遺されていても名義変更はできなくなってしまうのです。

Q8. 遺言は誰でも遺すことができるのですか？身体的障害がある場合でも可能ですか？

A.

遺言をする時に年齢が一五歳に達しており、その時に「遺言能力」があれば誰でもすることができます。

「遺言能力」とは、「自分の行為の結果を判断できる精神的能力」のことです。要するに、自分がする遺言がどういう結果をもたらすのかを判断できる程度の精神的能力が必要だということです。遺言能力の有無の判断は難しいですが、法律が一五歳に達していなければ遺言を作成できないと定めていることから、一般的な一五歳の精神的能力を有しているか否かが、一応の判断基準となるでしょう。

遺言を有効にするための要件は、以上のふたつだけですから、それを満たしている以上、成年被後見人、被保佐人、被補助人であっても、有効に遺言を遺すことができます。

ただし、成年被後見人が遺言を作成する時は、医師二人以上の立ち会いが求められます。立ち会った医師は、成年被後見人が「事理を弁識する能力を欠く状態にない」ことを遺言に付記し、署名押印する必要があります。

なお、「事理を弁識する能力」とは、「遺言能力」と考えればよいです。

遺言能力とは以上のように、「精神的能力」のことです。したがって、視覚、聴覚、言語その他の身体的障害を負っていることや、日常生活に他人の介護を必要とすることと自体は、遺言をすることの妨げにはなりません。

もっとも、身体的な障害のために自書できない場合、自筆証書による遺言の作成は難しいと思われます。しかし、このような場合でも、公正証書により遺言を作成することは可能ですので、ご安心下さい。

Q9. 自分で遺言を書こうと思います。注意点を教えて下さい。

A.

遺言の内容、日付、氏名を自書し、押印します。また、内容が具体的に理解できるように書くことが重要です。

自分で書く遺言のことを、「自筆証書による遺言」といいます。

自筆証書による遺言には、「遺言の内容」（「私の預金全部を○○に相続させる」等）だけではなく、遺言が作成された日を特定するための「日付」と、誰の遺言であるかを特定するための「氏名」が書かれている必要があります。また、遺言の作成をする意思を明らかにするため、「押印」（実印でも認印でもよい）も求められています。

「遺言の内容」を書く際には、ご自身の意思が具体的に理解されるように書くことに注意しましょう。たとえば、財産について書いている部分が一部の関係者にしか理解できない表現だとすると、不動産登記や預金名義の書き換えなどの手続きに支障が生じるおそれがあります。誰でも理解できるような表現で書いて下さい。

「日付」は、「私の還暦の日」のような書き方でも、遺言がされた日を特定できるので有効とされていますが、「平成二六年七月一日」「二〇一四年七月一日」のように書くことをお勧めします。「平成二六年七月吉日」「平成二六年七月」では日付の特定ができませんので、ご注意ください。「氏名」も、本名を書くことをお勧めします。

なお、自筆証書による遺言では、「遺言の内容」「日付」「氏名」を「自分の手で書く」ことが求められています。したがって、パソコンで作成したものや、録音や録画によるデータは、自筆証書による遺言として認められません。筆跡により遺言者本人の遺言と判別できることが、自筆証書による遺言の要件とされているのです。

Q10. 公正証書遺言を作りたいと思っています。どのような準備をしたらよいですか？

A.

まず、遺言の内容を決めなければなりません。財産を誰に引き継いでもらうのかを書くのであれば、その財産に関する書類（登記事項証明書、固定資産評価証明書、預貯金の通帳など）を用意し、どの財産を誰に渡したいのかを決めます。

法律的効果が生じる事項だけでなく、感謝の気持ちや財産の分け方についてのご自身の考えなど、ご家族に伝えておきたいことを遺言に書くこともできます。最近は、このような事項（付言事項）を書く方も増えているようです（Q17）。

次に、公正証書遺言の場合は、証人になる方を二人頼んでおく必要があります（Q12）。「証人」の役割は、遺言者がご自身の意思に基づき遺言したことを確認することであり、金銭的な「保証人」になることではありません。なお、「遺言者の相続人とその配偶者」、「受遺者とその配偶者」、「直系血族」、「未成年者」などは証人になれませんので、ご注意ください。司法書士に証人を依頼することも、もちろん可能です。

以上の準備ができたら、公証役場に「公正証書で遺言を作りたい」と連絡してみてください。具体的な打ち合わせが行われるほか、必要書類（印鑑証明書、戸籍謄本、登記事項証明書ほか）の指示がありますので、それらをご用意下さい。その後、遺言者と二人の証人が公証役場に出向き、実際に遺言が作成されることになるのです。

なお、公正証書遺言の作成費用は、遺言に書かれる財産の価額により計算されます。詳しくは、公証役場にお問い合わせ下さい。

Q11.

公正証書遺言のメリットは何ですか?

A.

その主なものは、形式的にも内容的にも有効な遺言が作成できることと、原本が公証役場に保管されることのふたつです。

公正証書遺言は、法律の専門家である公証人(元裁判官や元検察官など)が、遺言者本人から遺言の内容を聴き取ったうえで作成します。したがって、形式的な不備により遺言が無効になったり、遺言の内容が不明確であることによりその内容を実現できなくなったりすることが少ないのです。また、作成の際には二人の証人が立ち会いますので、遺言の効力に関する争いを防止する効果も期待できます。

自筆証書遺言の場合、ご自身で書くだけですので、他人に知られずに遺言を作成できるというメリットはあります。しかし、一方で保管場所や保管方法に困ることも少なくないでしょう。これに対し公正証書遺言の場合、その原本を公証役場が厳重に保管してくれますので、保管場所や保管方法に困ることはありません。保管料も無料です。保管期間は原則として二〇年間ですが、ほとんどの公証役場では遺言者が一〇〇～一二〇歳になるまで保管しているようです。いずれにしても公証役場が長期間、厳重に保管してくれるので、遺言の偽造、変造や紛失等を心配する必要はないのです。

また、自筆証書遺言について求められる検認手続き（Ｑ１８）も不要です。検認手続きというのは、遺言を裁判所で開封し、その現状を確認する手続きのことですが、公正証書遺言は公証役場で保管されるので、このような取り扱いになっているのではないでしょうか。

さらに、身体的事情や病気のため、自筆で遺言を作成できない方が利用できるという点も、公正証書遺言のメリットといえるでしょう。

Q12. 公正証書遺言の証人は、誰にお願いすればよいのでしょうか？

A.

民法九七四条に該当しない方で、秘密をきちんと守れる信頼できる方にお願いしましょう。

公正証書遺言を作成する場合、次の各項目に該当しない証人二人以上の立ち会いが必要となります。

① 未成年者
② 推定相続人本人・推定相続人の配偶者・推定相続人の直系血族
③ 受遺者本人・受遺者の配偶者・受遺者の直系血族
④ 公証人の配偶者・公証人の四親等内の親族・書記・使用人

「推定相続人」というのは、遺言者が死亡した場合、法定相続人になることが予定されている人のことです。「直系血族」というのは、遺言者と血のつながりのある人のうち、「親と子」、あるいは「祖父母と孫」といった親族関係にある人のことです。「受遺者」は、その遺言で財産を遺贈しようとする相手のことです。

証人の役割は、「遺言作成に立ち会うこと」、「公証人が作成した遺言の筆記が正確であることを承認すること」、「遺言に署名すること」の三点です。

遺言者としては、本当は秘密にしておきたい遺言の内容を証人に明らかにすることとなります。したがって、遺言の内容を他言しない方にお願いするのは当然です。また、遺言の有効性が争いになった場合に、遺言者本人の意思に相違ないということを証言してもらうこともあり得ますので、遺言者が信頼できる方にお願いすることがとても重要です。

なお、証人になれない方が同席していたとしても、その方により遺言の内容が左右されたり、遺言者がご自身の真意に基づき遺言を作成することが妨げられたりしない限り、遺言は無効にはなりません。

Q13.

危篤状態の父から「遺言を遺したい」と言われました。字も書くことができない状態ですが、何か方法はありますか？

A.

このように急を要する状況の際には、死亡危急時遺言という特別の方法が利用できます。

死亡危急時遺言を利用しようとする者は、証人（公正証書遺言の場合と要件は同じ（Q12））三名以上の立会いの下、そのうちの一名に遺言の趣旨を口頭で伝えます。これを聞いた証人が筆記して遺言者と他の証人に読み聞かせ、各証人が正確な筆記であることを承認して署名押印する方法です。

口頭で遺言の趣旨を伝えることが要件ですので、話もできないような状態に陥ってしまった場合には、もはやこの方法も利用できない点にご注意ください。

死亡危急時遺言が作成された場合、証人の内の一名または利害関係人が、遺言をした日から二〇日以内に家庭裁判所に遺言を提出し「確認」の請求をしなければならないこととされています。

請求を受けた家庭裁判所が、遺言者の真意による遺言であるか否かを確認することにより、はじめて有効な遺言となります。作成しただけではまだ完全な遺言ではありませんので、ご注意ください。

また、死亡危急時遺言は、まさに生死の際にある方のために認められた特別な方法ですので、遺言者が危篤状態を脱して自筆証書遺言や公正証書遺言の作成ができる程度に病状が回復した際には、その時から六か月の経過によって失効する点にもご注意ください。

Q14.

遺言の効力は、いつ発生しますか?

A.

生前贈与の場合、贈与契約が締結された時に贈与財産の所有権が譲受人(受贈者)に移ります。一方、遺言の場合は、遺言を作成した時に譲受人(受遺者)に所有権が移るわけではありません。

遺言の効力が発生するのは、原則として遺言者がお亡くなりになった時です。もっとも、遺言者が遺言の効力発生時期について一定の条件を付した場合は、遺言者の死亡日と条件の成就日のいずれか遅い日が効力発生日となりますが、いずれにしても遺言者がご健在なうちに遺言の効力が発生することはありません。

また、遺言は何度でも作り直すことができます。この場合、先の遺言と新しい遺言とで内容が抵触するときには、新しい日付の遺言が優先されます。自筆証書遺言で必ず日付の記載を求められるのは（Ｑ９）、いつ作成された遺言であるかが重要な意味をもつことになるからなのです。

なお、遺言を作り直した場合でも、内容が抵触しない部分については先の遺言がなお有効ですので、大切に保管しておく必要があります。また、遺言の種類による優劣はありませんので、公正証書遺言を後に自筆証書遺言で作成し直すことも可能です。

ところで、遺言は遺言者の死亡まで効力が発生しませんので、遺言に「○○に相続させる」と記載した財産であっても、遺言者が生前に自由に処分することが可能です。しかし、遺言者の死亡後に遺言の内容を確認する際、「もらえるはずの遺産がすでに処分されていた」という事態が他の相続人間とのトラブルの要因となることも考えられますので、このような場合には遺言を作成し直すことをお勧めします。

Q15.

受遺者が遺言の効力発生前に死亡しました。遺言の効力に影響はありますか？

A.

遺言の効力が発生する前に、遺言で遺産を承継するべき方（受遺者）が死亡してしまった場合、その方に関する部分について遺言がなかったこととされてしまいます。この結果、遺言による指定がない遺産として、共同相続人全員による遺産分割協議の対象となってしまうのです。

以上の結論は、相続人以外の者に対し「遺贈する」という内容の遺言であっても、相続人に対し「相続させる」という内容の遺言であっても異なりません。

後者の場合、親よりも子が先に死亡した場合、子の子（親からみた孫）が代襲相続（第二章Q５）するという民法の規定が適用されそうな気もするのですが、最高裁判所はこれを否定しています（平成二三年二月二二日判決）。

遺言者は、相続人以外のお世話になった方に財産を遺贈したいと考えたかもしれません。あるいは、相続人に行方不明者や成年被後見人がいるため円滑な遺産分割協議が困難な事情を考慮し、遺言を遺したのかもしれません（第二章Ｑ１８・Ｑ１９）。また、予測される親族間のトラブルを回避しようと思われたのかもしれません。しかし、遺言がなかったこととされる結果、このような遺言者の思いを現実化することができなくなってしまうのです。

そこで、このような事態を避けるためには、予備的遺言条項を設けておく必要があります。

つまり、受遺者や相続人が遺言の効力発生よりも先に死亡した場合に備え、このような場合には「受遺者の子○○に遺贈する」とか、「孫の○○に相続させる」等の条項を設けることにより、遺言者の意思を具現化することが可能となるわけです。

Q16. 遺言はどのように保管しておけばよいのですか？

A.

せっかく遺言を遺されたとしても、どなたにも遺言の存在を知らせていなければ存在自体に誰も気が付かず、結果として遺言者の意思を実現することができなくなってしまうことも考えられます。

仮に、遺言の存在に気が付かないまま遺産分割協議が成立した場合、後に遺言が発見された場合には、その遺産分割協議は原則として無効となります。このため、遺言のとおり遺産の分配をやり直すか、あるいは改めて当事者全員により先行した遺産分割協議の内容どおりの分配とするのかを確認するなど、混乱を招く事態にもなりかねません。

一方で、遺言の存在を知らせた結果、不利益を受ける相続人から書き直しを要求されたり、改ざんや破棄等の事態が生じたりするおそれも考えられます。

ことに自筆証書遺言の場合には、一部の相続人や遺言執行者（Q20）などの信頼できる方だけにその存在を明かしておき、確実に保管できる方法を検討する必要があります。

この点、公正証書遺言の場合には公証役場で原本が保管されるほか、遺言者にも二通（正本・謄本各一通）交付されるのが通常ですし、仮に交付を受けた遺言が二通とも破棄されたり紛失したりした場合でも、公証役場で遺言の検索が可能です。改ざんの心配もありませんので、管理の点ではより安心できるでしょう。

なお遺言を貸金庫に保管することはお勧めできません。なぜなら、貸金庫の契約者が死亡した場合、貸金庫を開けるために相続人全員の同意が必要となるのが通常であり、全員の同意が得られるまで遺言を利用した相続手続きを進めることもできなくなってしまうためです。

Q17. 遺言を利用して家族にメッセージを遺したいのですが・・・

A.

このような場合、遺言の「付言事項」を活用することによりメッセージを遺すことができます。

遺言の内容は「遺言事項」と「付言事項」とに分かれます。

「遺言事項」とは法律的効力が生じる事項で、法律で具体的に決められています。例えば財産を誰かに渡したり、婚外子を認知したり（第二章Ｑ７）、相続人を廃除したり（第二章Ｑ１３）するものです。

一方、遺言事項以外の部分が「付言事項」とされます。付言事項には法的効力はなく、相続人や受遺者も付言事項に拘束されるわけではありませんが、遺言者の気持ちを伝える方法として、効果的に活用される方が少なくありません。

多くの遺言は、誰に何の遺産を取得させるのかがシンプルに記載されています。しかし、このような遺言では、なぜそのような遺言を遺したのかという遺言者の心情までは必ずしも理解できません。このため、遺言の内容に不満をもつ相続人が、遺言の効力を争うような事態も生じかねません。

遺言者は何らかの目的をもって遺言を遺すはずです。そこで、その目的や遺言者の率直な気持ち、あるいは相続人らへのメッセージなどを付言事項の活用を通じて遺言に明記することにより、このような争いを避けることができるかもしれません。せっかく遺す遺言です。遺言者の想いが伝わる内容になるとよいですね。

〔付言事項の例〕

最後に、妻花子に心から感謝の気持ちを伝えたいと思います。本当にありがとうございました。そして、花子を支えていただいた子どもたち全員に感謝の気持ちを伝えたいと思います。ありがとうございました。

Q18. 父の遺した自筆の遺言が金庫から見つかりました。どうすればよいですか？

A.

自筆の遺言を発見した場合、遺言を発見した方は、家庭裁判所に検認の申し立てをする必要があります。

検認とは、相続人に対し遺言の存在とその内容を知らせるとともに、遺言の形状、加除訂正の状態、日付、署名など検認の日現在における遺言の内容を明確にし、遺言の偽造や変造を防止するための手続きと説明されます。

検認の申し立てをしなければならないのは、遺言の発見者だけでなく、遺言の保管者も同様ですので、速やかに家庭裁判所に申し立てをするようにしましょう。仮に、検認申し立てをしないまま遺言によって名義変更手続き等を行った場合、五万円以下の過料に処せられる可能性もありますので、十分にご注意ください。

また、封印されている遺言は、検認手続きの際に家庭裁判所で相続人等の立ち会いの下で開封しなければならないことになっており、このような手続きをせずに遺言を開封した場合も、同様に五万円以下の過料に処せられる可能性があります。

ところで、検認は、遺言が有効か無効かを判断する手続きではない点にご注意ください。適法な検認手続きを経た遺言であっても、遺言の方式が備わっていなければ無効であることに変わりはないのです。

なお、作成の段階で公証人が関与している公正証書遺言の場合、検認手続きは不要となります。

Q19.

遺言で指定された遺産を承継したくないのですが、可能ですか？　また、この場合、遺産は誰のものになるのですか？

A.

遺言による遺産の承継者を受遺者といいます。相続人が、ご自身の意思で相続を放棄することができるのと同じで、受遺者も遺贈の放棄をすることが認められています。

相続の放棄は家庭裁判所への申述という手続きが必要ですが、遺贈の放棄については特別な規定はありませんので、遺言執行者（Ｑ２０）や相続人のどなたかに対し「放棄する」と伝えるだけで、放棄の効力が生じます。書面による必要もありませんし、期間の定めもありません。なお、放棄の効力は遺言者の死亡の時にさかのぼって生じることとされています。

ところで、受遺者が遺贈の放棄をした場合、遺贈の対象とされていた遺産は遺産分割協議の対象となります。遺贈の放棄には、相続放棄のような期間の定めがないことから、受遺者が遺贈を承認するか放棄するかを決めるまでの間、遺言執行者や他の相続人はいつまでも手続きを進められません。

そこで法律では、このような利害関係人から受遺者に対し、「一定の期間内に遺贈を承認するのか放棄するのかを回答せよ」と催告することが認められており、受遺者が指定された期間内に回答しない場合、遺贈を承認したとみなす規定が置かれています。

また、受遺者が遺贈を承認するか放棄するかを決めないうちに死亡した場合、受遺者の相続人が、法定相続分の範囲内で、受遺者に代わって遺贈を承認するか放棄するかを決めることができるのが原則です。

ただし「受遺者が遺贈の承認または放棄をしない内に死亡した場合、遺贈はなかったものとする」など、法律の規定とは異なる遺言が遺されている場合には、遺言者の意思が尊重されます。

Q20.

遺言に記載された内容は、どのようにして実現するのですか？

A.

遺言に記載された内容を実現することを「遺言執行」といいます。遺言執行は、相続人全員が共同して行うこともできます。しかし、相続人の数が多いときには現実的ではありませんし、そもそも遺言を遺すケースでは、相続人間の紛争が予測されていることも少なくありませんから、このような場合に相続人全員が共同して遺言執行を進めることは困難です。

そこで民法は、相続人の代理人として「遺言執行者」を定め、遺言執行者が単独で遺言執行できることを認めています。

遺言で遺言執行者を指定することもできますし、遺言で特定の者に遺言執行者を指名させることを定めることもできます。また、遺言に遺言執行者に関する事項が何も記載されていない場合、相続人や受遺者等からの申し立てにより、家庭裁判所で遺言執行者を選任してもらえます。

未成年者や破産者は遺言執行者にはなれませんが、必ずしも法律専門家に限られるわけではありませんし、相続人や受遺者のような利害関係人であっても構いません。

ただし、遺言執行者は預金の解約・払い戻し、不動産の登記手続き、株式等の有価証券の名義変更や解約、負債の支払いなどの各種手続きはもちろんのこと、婚外子の認知（第二章Ｑ７）、一般財団法人の設立、相続人の廃除（第二章Ｑ１３）など遺言によって行うことのできる行為のように専門的な知識を求められるケースも少なくありません。

また、遺言執行に必要であれば訴訟行為を行うことも認められていますし、遺言執行の最中に相続人から遺留分減殺の請求（Ｑ２２）を受けることも考えられますので、遺言の内容いかんによっては専門家にお任せすることも検討すべきでしょう。

Q21.

「遺留分」とはどんな制度ですか？

A.

「長男にすべての財産を相続させる」という遺言をよく見かけますが、この場合も他の相続人には「遺留分」と呼ばれる権利があります。

遺留分とは、一定の相続人が相続に際して取得することを法律上保障されている相続財産の割合のことです。たとえば、配偶者と子供二人が相続人である場合、配偶者の法定相続分は二分の一、子供はそれぞれ四分の一であり、遺留分はさらにその半分となります。

したがって、この例では、長男以外の兄弟は遺言によって遺産のすべてを承継した長男に対し、遺留分に相当する遺産を請求（「減殺［げんさい］請求」という）することができます。

もっとも、被相続人が遺留分を侵害するような遺言や生前贈与をしたとしても、当然に無効になるわけではありません。遺留分権利者がその遺贈や生前贈与の減殺請求をして、はじめて遺留分に相当する財産が遺留分権利者に帰属することになるのです。

遺留分の減殺請求は、遺留分を侵害している相手方に対しその意思表示をすれば足りますが、意思表示をしたことを証明するため、内容証明郵便によって相手方に通知するのが通常です。また、その通知の内容は、「○○の遺言は、私の遺留分を侵害しているので、遺留分減殺請求をする」という程度の抽象的なもので足ります。

ただし、被相続人の死亡、遺留分を侵害するような遺贈や生前贈与の存在の双方を知った時から一年、もしくは被相続人の死亡から一〇年が経過すると遺留分の減殺請求をすることができなくなりますので、注意が必要です。

Q22. 遺留分減殺請求をした結果、土地を譲り受けることとなりましたが、どんな手続きが必要ですか？

A.

遺言でAがすべての遺産を相続したとき、もう一人の相続人であるBが遺留分減殺請求をした場合(仮にBの遺留分割合を八分の一とする)、Aが相続した遺産のすべてについて、A・八分の七、B・八分の一の割合で共有状態となるとするのが、法律の考え方です。

しかし、これでは管理や処分に不都合が生じ現実的ではありませんので、AとBとが協議し、特定の遺産をAからBに譲り渡したり、遺産に代えてA名義の財産をBに譲り渡したりするのが通常です。

金銭を支払ってもらうことも可能ですし、ご質問のように不動産を譲り受けることもちろん可能です。遺留分として不動産を譲り受けた場合、「遺留分減殺」を原因とする所有権移転登記申請手続きを忘れずに行うようにしましょう。

問題は、当事者間でこのような協議が調わない場合の対応です。話し合いがまとまらない場合、裁判所を利用して解決を図る方法と、裁判所を利用しない方法とに大きく分かれます。

裁判所の手続きとしては、「家事調停」の制度を利用することができます。調停委員が双方の言い分を聴き取ったうえで、合理的と考えられる解決案を提案してくれたり、合意に向けた調整をしてくれたりしますが、それでも合意に至らない場合、最終的な解決策を裁判所に委ねる審判の手続きを利用することもできます。

一方、裁判外の手続きとしてＡＤＲと呼ばれる民間紛争解決機関を利用することも考えられます。ＡＤＲの実施機関は全国に多数存在し、機関ごとに特徴も異なりますので、インターネット等により事前に情報収集したうえでご利用ください。詳しくは法務省の「かいけつサポート」というサイトをご参照ください。

Q23.

父から「遺留分の放棄を条件に住宅新築資金を贈与する」と言われましたが、どのような手続きが必要ですか？

A.

遺留分は個々の相続人に与えられた権利ですから、相続人の意思により放棄することももちろん可能です。ご質問のように、親御さんが一定の財産を子どもさんに生前贈与するケースは、相続税の基礎控除減額に伴う節税への関心の高まりに伴って、今後も増加することでしょう。

親御さんとしては、節税の観点から生前贈与の必要性は理解しながらも、特定の子どもさんだけに生前贈与することにより、将来の相続発生後の紛争の種になるのではないかと心配にもなることでしょう。

そんな場合に利用できるのが「遺留分の放棄」の手続きです。遺留分の放棄は、相続開始後でも可能です。この場合、相続放棄のように家庭裁判所へ申述する必要もなく、他の相続人に対し、単に「放棄する」と伝えるだけで足ります。

また、相続放棄の申述は相続開始後でなければできませんが、遺留分は相続開始前でも放棄できます。ご質問のような「生前贈与を受ける代わりに、将来は遺留分を請求しない」というケースは典型例でしょう。

しかし、相続開始前の遺留分放棄を無条件に認めると、親御さんからの圧力により放棄を強要されたり、親御さんの資産の全容を十分に把握しないで放棄をした結果、予期せぬ不利益を被ったりすることも考えられます。そこで民法は、相続開始前に将来発生する遺留分をあらかじめ放棄する場合には、放棄に先立って家庭裁判所の許可を得なければならないと定めています。

家庭裁判所は、具体的事情に基づき、合理的理由の有無を判断します。本件でも、贈与を受ける資産やその価値、親族関係等の具体的事情を申立書に記載し、家庭裁判所の判断を仰ぐ必要があるのです。

事件簿より②　～ある兄弟のこと

梅雨明けが宣言されたばかりの蒸し暑い日の午後、私は今にも朽ち果てそうな建物の玄関でぼう然と立ちつくした。

ドアというドアは壊れ、土埃が畳に積もっており、主が不在となって久しいことは明らかだった。部屋の中にはほとんど家財道具といえるものはなく、湿った空気だけが充満していた。

不在者財産管理人は、行方不明となった者に対し、利害関係を有する者の申し立てによって家庭裁判所が選任する。この建物の共有者であるAは、一年程前から行方が分からなくなり、もう一人の共有者であるAの姉の申し立てにより私が不在者財産管理人に選任されたのだ。そこで、管理すべき財産を確認するためにAの自宅を訪れたのだが、姉が見つけた通帳二冊とこの建物以外には財産といえるものはなさそうだ。

奥のもう一部屋には布団が散らかって見えたので「もう何もなさそうですね。切りあげましょう」と提案し、姉より先に玄関の外に出た。まとわりつく湿った空気から一刻も早く解放されたかったというのが正直なところだったかもしれない。

Aは幼い頃から知的能力が低かったらしく、また、二歳の時に母が父と離婚して出て行ってしまったため、姉と二人、男手ひとつで育てられた。

姉は早くに結婚したがAは女性と交際したこともなく、父の死亡後は障害年金を受給しながら隠やかに暮らしていたらしい。そして、父の死亡により借地上の父名義の建物はAと姉の共有となったのだ。

たまたま地主が借地権の買い取りを姉に打診したことがきっかけで、Aが一年前から年金をおろすこともなく、行方が分からないことが発覚したのだった。

不在者財産管理人は、本人がいつ現れても本人に不利益が生じないように本人の財産を管理する必要があり、本人の財産を処分するためには裁判所の許可を必要とする。今回の地主の提案は、更地価格の半額で借地権を買い取ることに加え、建物は地主が取り壊すので、現状のまま所有権を移せばいいという破格の好条件である。

通常であれば、借地契約終了により建物収去を求められる状況である。仮に地主の提案を拒否して借地契約を継続するのであれば近いうちに建て替えが必要であるところ、そのような資金を捻出するのは不可能である。

それから半年後、借地権を売却する旨の裁判所の許可を得て、地主との契約も終わり、建物の所有権移転直後、地主は建物の解体工事に入った。ところがその工事の初日、地主から思わぬ電話が入った。「布団の下から死体が出てきた」と。

死体はAであることが確認され、警察も事件性はないという判断を下した。あの時、奥の部屋を見に行っていたら・・・。私は身震いを抑えることができなかった。

本人の死亡が確認されたことにより、不在者財産管理人の職務は終了しそうであるが、実はそうではない。Aの相続財産をAの相続人に引き渡す必要があるのだ。

戸籍を調べたところ、Aの母は再婚もしておらずに健在であることが分かった。したがって、母が相続人となる。幸い、母は隣の市に住所を置いていたが、電話番号が分からなかったため、私は地図をたよりに母を訪ねることにした。

母の住所地には小規模な建設会社のプレハブが建っており、浅黒く日焼けした顔は、還暦を過ぎた小さな体に不釣合だった。私が経緯を説明すると、母は「いくら私が逃げてきたと言っても、お腹を痛めて産んだ子が・・・」と泣き崩れた。

　そして、暫くの後、少し落ち着きを取り戻した母は、作業服の胸元からペンダントを取り出し、そこに入れてある一センチ程の色あせた写真を私に見せた。そこには小さな子どもが二人写っていた。姉からは「会いたくないから連絡先は教えないように」と言われていた。私は、公開されている書類である売却した建物の登記事項証明書を母に手渡した。そこに、姉の住所が記載されていることを承知のうえで。

　結局、母はAの相続を放棄し、借地権を売却してAが得たお金は姉が相続することになった。Aの預金を姉に引き渡し、私のこの事件は終了した。

　後日、姉から、母が訪ねてきて、四〇年ぶりに会ったという電話があった。私を責めるような言葉はなかった。

　今年も、もうすぐ梅雨が明け、蒸し暑い夏がやってくる。この時期になると、あの事件を思い出す。

第四章　成年後見

Q1. 成年後見制度とは、どのような制度ですか?

A.

成年後見制度とは、認知症・知的障害・精神障害などが原因で十分な判断能力をお持ちでない方を、法的に支援する制度のことです。

判断能力が不十分な方は、不動産や預貯金などの重要な財産を管理したり、介護などの福祉サービスに関する手続きをしたり、老人ホームなどの施設入所に関する契約を締結したりすることが困難です。また、訪問販売をはじめとする悪質商法の被害を受けるおそれも高まります。

ご本人の事情や利益を最大限考慮しながら、ご本人のために法律行為の代理や同意をしたり、ご本人がした法律行為を取り消したりすることによって、ご本人の財産管理や身上看護を支援することが、成年後見制度の目的なのです。

成年後見制度は、法定後見と任意後見のふたつに大きくわかれます。

法定後見は、すでに判断能力が減退した方のために家庭裁判所が成年後見人、保佐人、補助人を選任する制度です。「成年後見」「保佐」「補助」の三類型に分かれており、ご本人の判断能力の程度により利用できる制度が変わります。判断能力の減退が比較的軽い方は補助、減退の著しい方は成年後見の対象となり、医師の診断書等を参考にして家庭裁判所が決定します。

一方、任意後見は、ご本人の判断能力が減退していないうちに、将来の判断能力の減退に備えて、あらかじめ信頼できる身内や専門家との間で「任意後見契約」を締結しておく制度です。任意後見契約を締結したご本人の判断能力が減退した場合、任意後見人が契約に基づいてご本人の日常生活を支援いたします。

Q2.

かつての「禁治産者」や「準禁治産者」の制度は、成年後見制度の開始によってどのように変わったのですか？

A.

成年後見制度の開始により、制度開始以前の禁治産者は成年被後見人、禁治産者の後見人は成年後見人、禁治産者の後見監督人は成年後見監督人とみなされます。

かつて、禁治産者であることは戸籍に記載されていましたが、プライバシー保護の観点から、成年後見制度では、成年被後見人等であることを戸籍に記載するのではなく、後見登記という登記制度を利用して公示することとなりました。

この後見登記は、成年被後見人・成年後見人・成年後見監督人または成年被後見人の配偶者や四親等内の親族から申請をしなければなりません。後見登記が完了すると、法務局から市区町村役場の戸籍担当者に連絡が入り、戸籍が再製されることになります。再製される戸籍には、過去の禁治産者の情報は記載されません。

　一方、成年後見制度開始以前の準禁治産者に関しては、準禁治産宣告を受けた原因によって取り扱いが異なります。

　かつての準禁治産者は、心神耗弱を原因とするケースと浪費を原因とするケースの二つがありましたが、後見制度における被保佐人とみなされるのは心神耗弱を原因とするケースだけです。この場合に登記が必要であることや、戸籍が再製される点等は、禁治産者の場合と同じです。

　しかし、浪費を原因として準禁治産宣告を受けていた者は、後見制度における被保佐人とはみなされず、かつての準禁治産の制度が現在もそのまま維持されています。したがって、浪費を原因として準禁治産宣告を受けていた者は、後見登記の申請をすることができず、今もなお戸籍に準禁治産者であることが記載されたままとなるのです。

Q3.

成年後見人は、どんなことをするのですか？

A.

成年後見人の職務は民法で定められており、判断能力が減退したご本人（成年被後見人）のために、成年被後見人に代わってその財産を管理したり、さまざまな契約締結等の法律行為をしたりします【財産管理】。また、成年被後見人の日常生活の療養看護に関する事務も行います【身上看護】。

成年後見人がこれらの職務を行うにあたっては、成年被後見人の意思を尊重すると共に、心身の状態や生活の状況にも配慮しなければならないこととされています。

もっとも、これらの業務をすべて成年後見人自身が行わなければならないわけではありません。

たとえば、身上看護に関する職務についていえば、成年後見人自身が介護や身の回りのお世話をするのではなく、成年被後見人の健康状態等に応じて介護保険の手続きや福祉事業者との契約を締結したり、必要な医療サービスを受けられるように往診や入院の手配等を行ったりすることが求められます。なお、これらに要する費用は成年被後見人の負担となりますので、成年後見人には、成年被後見人の経済状況を考慮して適切な環境を整えることが求められるのです。

また、成年後見人は、成年被後見人が必要のない契約を自分で締結してしまったような場合に、これを取り消して契約を白紙に戻す権限も有しており、悪質商法被害等から財産を守ることに役立っています。

一方、成年後見人にはできないこともちろんあります。婚姻や養子縁組のような身分行為、遺言の作成等は成年後見人が行うことはできません。また、施設入所の際の身元保証、医療行為への同意等の行為も行うことができませんので、ご注意ください。

Q4.

保佐人は、どんなことをするのですか？

A.

保佐人は、ご本人（被保佐人）の意思を尊重しながら、被保佐人が契約の締結などの法律行為をするにあたり、これを支援する役割を負っています。

日常の買い物ぐらいは一人でもできるが、認知症、知的障害、精神障害などにより判断能力が減退し、不動産等の売却、自宅のリフォーム、金銭の貸し借り等の重要な行為については常に第三者の支援を要するような方のために、家庭裁判所は保佐人を選任することができます。

保佐人は、被保佐人が次に掲げるような行為をするにあたってこれに同意し、仮に被保佐人が保佐人の同意を得ないでこれらの行為を行った場合には、その行為を取り消すことにより、被保佐人の権利を保護したり生活の支援をしたりするのです。

①　貸したお金を返してもらうこと
②　お金を借りること。他人の保証人になること
③　土地や家、高価な財産を売ったり貸したりすること
④　訴訟を起こすこと
⑤　他人に財産を贈与すること
⑥　相続を承認、放棄すること。遺産分割協議をすること
⑦　他人からの贈与や遺贈を断ること。負担付きの贈与や遺贈を受けること
⑧　建物の新築、改装、増築、大修繕の契約をすること
⑨　土地五年、建物三年、動産は半年の期間を超えて賃貸すること

また、保佐人は、家庭裁判所が必要と認める行為について、成年後見人と同様の代理権の付与を受けることもできます。この場合は同意に止まらず、被保佐人に代わって法律行為を行うことも可能となります。

Q5.

補助人は、どんなことをするのですか？

A.

家庭裁判所から補助人に選任される際、ご本人（被補助人）が「一定の行為」をする際にこれに同意したり（同意権）、あるいは被補助人に代わって一定の行為をしたりすることができます（代理権）。法律で定められた「一定の行為」とは、Ｑ４で掲げた借り入れや他人の保証、不動産の売却、遺産分割協議などの九類型で、同意権または代理権のいずれか、もしくはその双方が付与されます。

家庭裁判所が同意権を付与した類型の行為について、被補助人が補助人の同意を得なかった場合には、補助人はその行為を取り消すことができます。また、代理権を付与した類型の行為については、補助人が代理をして法律行為を行うことができます。

　このように、被補助人の財産を守るため、重要な行為について補助人を関与させて被補助人の財産の減少を防ぐ仕組みとなっているのです。

　ところで、成年後見制度の基本的考え方は、ご本人ができることは可能な限りご本人に委ね、できない部分を成年後見人等に関与させようとするものです。このため、成年後見人にはあらゆる行為に当然に代理権が認められたり、保佐人には前記九類型のすべてに当然に同意権が認められたりするのと比べ、判断能力がさほど減退していない方を対象とする補助の場合には、被補助人の判断能力の程度や個別の状況に応じ、必要な範囲に限って同意権や代理権が付与されることに特徴があります。

　被補助人が自らの意思で契約等の法律行為を行うため、被補助人が自分で何ができて何ができないのか、あるいはどんな行為について補助人の支援を必要とするのか等の事情を、個別具体的に検討する必要があるのです。

Q6.

任意後見とは、どのような制度ですか?

A.

任意後見人制度は、ご本人の判断能力が減退しないうちに、将来の判断能力の減退に備えて、自らが選んだ任意後見人に療養看護や財産管理の事務を行ってもらう内容の契約を締結しておく制度のことです。

契約は、公正証書によって行う必要があります。公正証書には、家庭裁判所が任意後見監督人を選任した時に契約の効力が発生する特約を付しておきます。契約締結後、現実にご本人の判断能力の減退が生じた際には、契約の相手方である任意後見人が家庭裁判所に対し、任意後見監督人の選任を求める申し立てをすることになるのです。

任意後見制度は、実際にこんな事例で利用されています。

浜松市在住の前田さん（仮名　七五歳）は、長年にわたってアパート経営で生計を立てていましたが、将来の判断能力の衰えに備え、長女との間で公正証書による任意後見契約を結びました。数年後、前田さんは脳梗塞で倒れ、その後遺症から精神障害を患うようになり、アパート経営がままならなくなってしまいました。このため、先の公正証書に基づき、長女が家庭裁判所に任意後見監督人選任の申し立てをし、司法書士が任意後見監督人に選任されました。

以後、長女は任意後見人として、アパート経営を含む前田さんの財産管理や身上看護に関する事務を行います。任意後見監督人である司法書士は、長女の後見事務が適正に行われているかどうかを監督することで、前田さんの日常生活を支援したり財産を保全したりする体制を整えることができるのです。

Q7. 後見制度支援信託とは、どのような制度ですか？

A.

後見制度支援信託は、平成二五年に運用が開始された新しい制度です。成年被後見人等の財産の管理方法として「信託」という仕組みを利用しようとするものです。

後見制度支援信託では、入院費や定期的な通院をしている場合の治療費、介護施設の利用料や生活費等、日常の生活資金だけを成年後見人等が管理し、それ以外の当面必要とはならない財産は信託銀行に信託します。

信託した財産を成年後見人等が払い戻そうとする場合、裁判所の許可が必要となります。

後見制度支援信託の制度が設けられた理由はいくつかありますが、成年後見人等が日常に管理する資産を減らすことにより、成年後見人等の負担を軽減し、成年後見人等のなり手を確保しようとする意図があると説明されます。

成年後見人等には、親族か司法書士等の専門家が就任するケースが多いですが、高齢社会の進行に伴い成年後見制度の利用の増加が見込まれる中、司法書士等の専門家が不足するのは時間の問題といわれています。そこで今後は、親族が成年後見人等に就任するケースが確実に増加します。このため、法律の専門家ではない方が、安心して後見業務を行うことができる仕組みが必要となったわけです。

なお、後見制度支援信託の利用が想定される事案では、そもそも本当に利用すべきなのか、利用するとして信託する財産としない財産とをどのように振り分けるか等を決定するため、当初は専門家と親族の二人を成年後見人等に選任し、財産管理の方針に目途が立った時点で、専門家である成年後見人等は辞任するという運用が一般的なようです。

Q8. 成年後見人、保佐人、補助人を選任してもらうには、どのような手続きが必要ですか？

A.

成年後見人は、本人や配偶者、四親等以内の親族など民法で定められたご本人と一定の関係にある者から、家庭裁判所に対して成年後見人の選任を求める申し立てをすることにより選任されます。もっとも成年後見人の選任を求めるということは、それだけご本人の判断能力の減退が著しいわけですので、ご本人が申立手続きをとることは期待できません。そこで、親族が申立人となることが一般的です。

申立書には、ご本人の状態が成年後見人を選任すべき状況にあることを証明するために、医師の診断書を添付します。ケースとしてはあまり多くありませんが、診断書等の提出書面の記載だけでは成年後見人を選任する必要性が認められないような場合、家庭裁判所は診断書を作成した医師とは別の医師に対し、改めて鑑定の手続きを求めることもあります。

保佐人や補助人の選任を求める場合も、成年後見人の選任を求める場合と基本的には同じですが、当然に代理権が認められる成年後見人と異なり、保佐人に与える代理権の範囲や、補助人に与える同意権または代理権の範囲を特定する必要があります。また、ご本人以外が申し立てをする場合には、保佐人や補助人の選任を求めることについて、ご本人の同意書が必要となります。保佐や補助が相当なケースでは、低下こそしているものの、未だご本人に一定の判断能力が備わっていると考えられますので、ご本人の意思に反して保佐人や補助人が選任されることを回避する趣旨です。

なお、いずれの場合もご本人の財産管理は成年後見人等の職務の中心ですから、申立書にはご本人の収入や支出が分かる書面や、どんな資産をどれだけ保有しているかが分かる書面も添付しなければなりません。

Q9.

成年後見人等には、どのような人が選任されるのですか？

A.

成年後見人、保佐人、補助人は、ご本人のおかれた状況を考慮したうえで、家庭裁判所が選任します。民法には、未成年者や破産手続き中の方、ご本人と裁判をしたことがある方などは成年後見人等になることができないと定められています。しかし、必ずしも専門的な資格が必要とされているわけではありませんので、ご本人を支援できる親族がある場合、その方が成年後見人等に選任されることも珍しくありません。

一方、成年後見人等には、福祉に関する手続きや法律の規定などの多様な知識が求められますし、家庭裁判所から選任された公的立場に基づき、法律に規定された責任を負わなければなりません（Ｑ１３）。そのため、仮に身近な親族が成年後見人等に就任することを希望していたとしても、家庭裁判所の判断により、司法書士や弁護士、社会福祉士などの専門家が選任されることもあるのです。

例えば、成年後見制度を利用することとなった背景に、遺産分割協議をする必要があったり裁判手続きを利用しなければならなかったりする事情がある場合などでは、専門家が選任されるケースが多いです。

また、親族間でもめごとが起こっている場合や、申し立て前にご本人の財産が親族らにより私的に消費されているような事情がある場合などでは、公正な職務遂行を期待できない可能性が高いことから、やはり専門家が選任されるケースが多いです。

また、具体的な懸念がない場合であっても、保有する財産の種類が多岐にわたったり金額が多額であったりする場合も、適切な財産管理を行う必要性が高いことから、専門家が選任されることが多いのです。

Q10. 成年後見人等に監督人が選任されることもあるそうですが、どのような仕事をするのですか？

A.

監督人等（成年後見監督人、保佐監督人、補助監督人）は必ず選任されるわけではなく、主に次の四つの職務を担わせるため、家庭裁判所が必要と判断する場合に限り選任されます。

監督人等の職務の一つ目は、成年後見人等が財産調査や財産目録の作成をする際に立ち会ったり、定期的に後見事務を報告させたりして、成年後見人等が適正な業務を遂行するように監督することです。一定の重要な財産行為に関しては、成年後見人等が代理権や同意権を行使することについて監督人等の同意を必要とするケースもみられますが、これも監督人等による監督業務のひとつです。

二つ目は、成年後見人等が辞任したり死亡したりした場合に、裁判所に後任の選任を求めることです。

三つ目は二つ目に関連しますが、辞任や死亡のため成年後見人等が欠け、かつ後任の選任までには一定の時間を要する状況の際、直ちに後見業務を遂行しなければご本人に取り返しのつかない損害が発生する可能性があるようなケースでは、監督人等自身が成年後見人等に代わって後見業務を遂行することです。

四つ目は、成年後見人等とご本人との間で利益が相反することとなる契約や手続きをしようとする場合に、監督人等が成年後見人等に代わってご本人を代理することです。遺産分割協議をするに際し、成年後見人等とご本人が共に法定相続人であるようなケース（第二章Ｑ１８）が、その代表例となります。

Q11. 成年後見人等が選任された場合、成年被後見人等はどのような制限を受けるのですか？

A.

成年後見制度では、ご本人の自己決定の意思を尊重し、ご本人がその残存能力を活用しながら自由意思に基づきものごとを決められるように配慮されています。このような趣旨から、下記の各事項については、成年被後見人、被保佐人、被補助人共に何の制限も受けません。

① 日用品の購入などの日常生活に関する行為

主食やおかず、菓子、飲料、酒等の飲食物や、洗剤、トイレットペーパー等の日用雑貨の購入（日用品の購入）、水道光熱費の支払いやこれに必要な範囲での預貯金の引き出し等（日常生活に関する行為）は、いずれも成年後見人等の同意を得ることなく、単独で行うことができます。

②　身分上の法律行為

婚姻、離婚、養子縁組、離縁等（身分上の法律行為）についても、判断能力がありさえすれば成年後見人等の同意を得る必要はありません。

③　選挙権

かつては成年被後見人の選挙権が制限されていましたが、「成年被後見人の選挙権の回復等のための公職選挙法等の一部を改正する法律」が成立したため、現在は選挙権も被選挙権も制限されません。

一方、一定の範囲で判断能力の減退した方と取引をした相手方を保護する必要があることから、成年被後見人と被保佐人は、会社の役員（取締役・監査役ほか）や公務員の地位、医師、弁護士、司法書士、税理士等の資格を失うこととされています。また、投資顧問業、一般労働者派遣業、警備業、古物営業、風俗営業等を行うこともできません。

なお、これらは成年被後見人と被保佐人に課せられる制限であり、被補助人は何らの影響も受けません。

Q12.

最近「市民後見」という言葉を耳にするようになりましたが、どのような制度ですか?

A.

高齢社会の進行に伴い成年後見制度利用者の増加が見込まれる中、専門職後見人が不足する可能性が指摘されています。

親族が成年後見人等に就任すればよいのですが、必ずしもそれを許す事情が備わっているケースばかりではない中、一般市民の中から後見人等候補者を養成し活用しようとする「市民後見人制度」が注目されているのです。

統計によると、自立が困難な認知症高齢者数は、平成二四年の三〇五万人から平成三七年には四七〇万人に、高齢者の単独または夫婦のみの世帯も、平成三七年には一三四六万世帯に上るとされています。

　このような社会事情を受けて厚生労働省は、第三者後見人等の需要の増加が見込まれるとして、弁護士、司法書士、社会福祉士等の専門職のみならず、一般市民の中から、社会貢献への意欲があり高い倫理観が備わっている者に成年後見制度の知識・技能・倫理等を習得してもらい、成年後見制度の一翼を担ってもらうこととしました。このような趣旨で平成二三年にスタートしたのが「市民後見推進事業」なのです。

　すでに、主に都市部において市民後見人養成講座が開催されています。今後はその履修者を市民後見人等候補者として登録し、その登録者を市民後見人として活用していくことが予定されているのです。

〔市民後見人制度のイメージ図〕

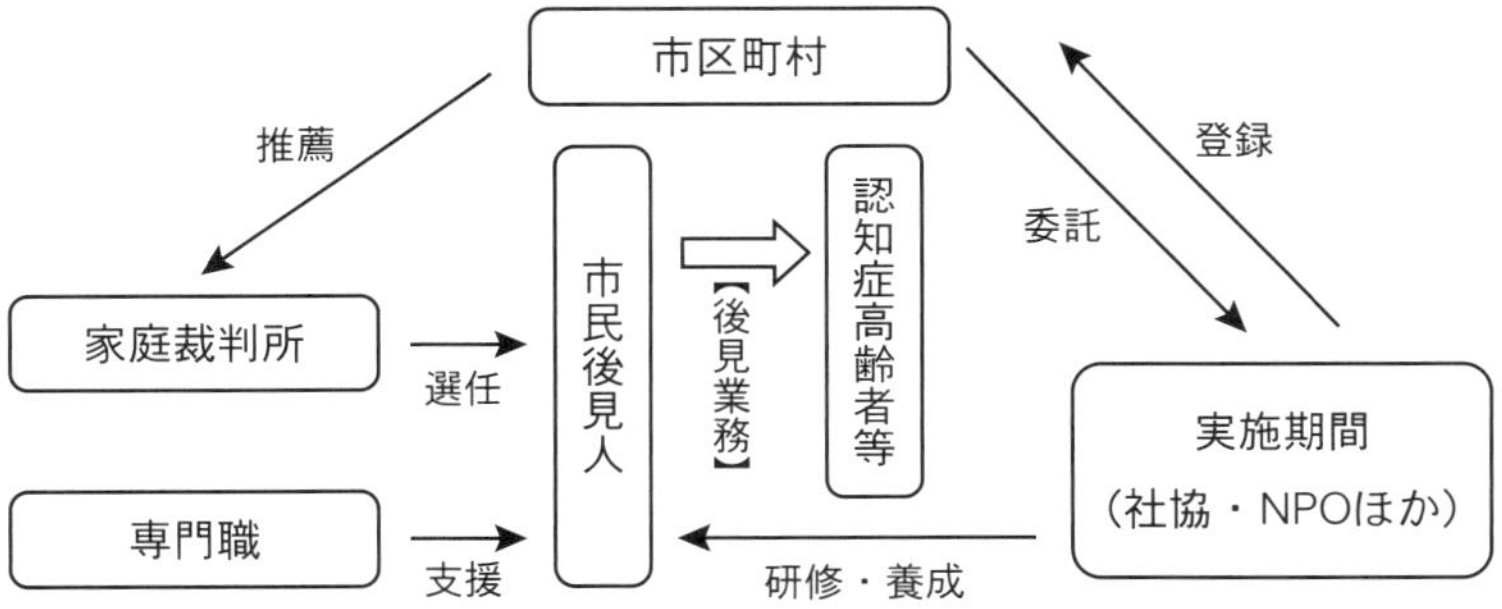

Q13. 成年後見人は、成年被後見人の行為に関し、どのような責任を負うのですか?

A.

民法では、成年被後見人のような責任無能力者が他人に損害を加えた場合、責任無能力者自身は相手方に対し損害賠償責任を負わないとする一方で、責任無能力者の監督義務者に対しては、一定の範囲内で損害を賠償する責任を負うとしています。

成年後見人の場合、成年被後見人が他人に損害を負わせたことについて、成年後見人がその監督義務を怠っていたときには損害賠償責任を免れません。

ところで、平成一九年一二月、愛知県大府市に住む認知症の男性が、妻がうたた寝していた隙に外出してJR東海の線路内に侵入し、列車にはねられ死亡したという事故が起きました。当時、男性は妻と二人暮らしで、妻と近所に住んでいた長男の妻が在宅介護をしていましたが、事故前には二度の徘徊歴もあったようです。ＪＲ東海は、妻と長男に損害賠償を求める裁判を起こし、名古屋高裁は妻に対し、男性の監督義務を怠ったとして損害賠償の支払いを命じました。なお、長男に対する請求は認めませんでした。

成年後見制度では、認知症の方が住み慣れた自宅や地域で過ごすことを理想として掲げております。しかし、この裁判例のように成年後見人の監督責任を重く考える事案が積み重なると、在宅看護は成年後見人にとって非常に高いハードルとなり、制度の理想とは逆行した施設等への入所を促す結果となるのではないかと懸念しています。

識者の中には、成年後見人の損害賠償責任に対する公の補償制度の創設を提言している者もおり、今後の動向に注目が集まります。

Q14. 兄が父の成年後見人に就任していますが、父の財産を私的に流用している疑いがあります・・・

A.

成年後見人等に就任した場合、ご自身の財産とご本人から預かっている財産とを、明確に峻別して管理すべき義務が生じます。しかし、残念ながら、ご質問のような事案が現実に発生していることも事実です。

横浜で起きた実例では、入院中の成年被後見人である父親の財産約一九三〇万円を着服したとして、成年後見人である長男が業務上横領により逮捕されました。このような事実が発覚すると、家庭裁判所は成年後見人等を解任し別の者（多くの場合、専門職）を選任します。新たに選任された成年後見人等は、前任者に損害賠償を求めるだけでなく、刑事罰を問うために告発することも珍しくありません。

なお、親族間の窃盗や横領では刑の減免規定がありますが、公的性格を有する成年後見人等に就任した親族にこの規定は適用されないとする裁判例もあり、成年後見人等の責任は重く考えられています。

最高裁判所の発表によると、成年後見人等の着服による被害件数は平成二四年の一年間で五七五件あり、その被害総額は四五億七〇〇〇万円にも上るそうです。このうち、親族後見人によるものが全体の九割超を占めており、その件数は年々増加しています。

家庭裁判所は、このような着服による被害を未然に防止するため、成年後見監督人等の選任、専門職後見人との複数後見、後見制度支援信託の活用などを進めています。

成年後見人等に選任された方は、仮にご本人の親族である場合であっても公的役割を担っています。ご本人の財産を私的に流用することは犯罪に当たることを自覚し、責任ある対応をしなければならないのです。

Q15. 父の介護費用に充てるため父名義の定期預金を解約しようとしたところ、認知症を理由に解約に応じてもらえません・・・

A.

金融機関はお父様との間で定期預金に関する契約をしていますので、原則としてお父様ご本人の「解約の意思」が確認できなければ、預金の解約には応じないでしょう。

特に、昨今急増する高齢者をターゲットにした犯罪を防止する必要性や、マネー・ロンダリングの防止等を目的とした「犯罪による収益の移転防止に関する法律」の要請などから、金融機関では厳格な本人確認が行われています。

お父様は認知症を患っておられるとのことですので、金融機関としては、お父様の「解約の意思」を確認することができません。したがって、このままでは預金の解約は困難と言わざるを得ません。

このような場合に利用されるのが、成年後見制度です。成年後見制度には成年後見、保佐、補助の三つの類型があります。いずれの制度が妥当であるのかは、家庭裁判所が、医師の診断書や本人との面談の状況等を通じて総合的に判断します。

このうち成年後見は、日常生活に関する法律行為を除くすべての財産に関する行為について代理権が付与されますので、金融機関は成年後見人からの申し出があれば、預金の解約に応じます。

保佐や補助の場合は、家庭裁判所に対し預金の解約に関する代理権付与の申し立てをする必要がありますが、この申し立てが認められれば、保佐人や補助人からの解約も可能となります。

なお、成年後見制度はご本人のための財産管理を目的とする制度です。したがって、いずれの場合も「ご本人のため」に解約の必要性がない限り成年後見人等からの解約はできませんので、十分にご注意ください。

Q16.

認知症の母が締結した悪質業者との契約を解消したいのですが、どうすればよいでしょう？

A.

認知症の程度や症状にもよりますが、家庭裁判所に成年後見人選任の申立てを行うことにより、成年後見人が契約の無効を主張し、契約を解消できる可能性があります。

認知症の高齢者等は、悪質な業者による訪問販売等の被害を受けている場合も多く、その被害をきっかけに成年後見の申立てをすることも少なくありません。

悪質業者との取引については、クーリング・オフ制度を利用することが考えられます。クーリング・オフは、いわゆる無条件解約権として法律が消費者に認めた特別の権利ですので、悪質商法被害の解決にはとても有効な手段となります。

しかし、クーリング・オフは法律の定める一定の期間内に行使しなければなりません。このため、被害が発見されたり成年後見人が選任されたりした時には、すでに行使期間が経過していることも考えられます。

この場合には、消費者契約法に基づく取り消しや、民法に基づく詐欺取り消し、錯誤無効等を主張して契約の効力を争うことも考えられます。しかし、これらはいずれも、消費者の側で取り消すことができる事情を立証しなければなりません。認知症の方の場合、契約当時の事実関係を時系列に沿って整理することは困難でしょうから、これらの方法により契約を解消することは非常に難しいのです。

しかし、成年後見人が選任されるということは、その直前に締結された契約も、ご本人の意思能力を欠いた状態で行われた無効な契約である可能性は高まります。民法により、意思能力を欠く契約はそれ自体が無効とされていますので、成年後見人から契約無効を主張することにより、契約を解消する可能性を検討してみてはいかがでしょうか？

Q17. 最近、寝たきりの父と同居している兄の羽振りが良く、父の預金を流用しているようです。止めさせる方法はありませんか？

A.

成年後見人等が選任されれば、お父様の預金口座は成年後見人等の管理下に置かれますので、お兄様が勝手に預金の引き出しをすることを防止できます。

ご質問のように「判断能力の衰えた親の財産を兄弟が勝手に使い込んでいる」というご相談は、珍しくありません。同居の家族が、成年後見人等に就任しないまま事実上財産管理をしていることは、実際にはよくあります。引き出された預金が、親御さんの医療費や施設費等に充てられていることが明らかであればそのような懸念も生じないのですが、何かのきっかけで疑心暗鬼になってしまうことも少なくありません。

　このような場合の対応策ですが、まずはお兄様に対し、お父様の資産の現状や預金の使途を確認することが第一です。その結果、お兄様がお父様の財産を使い込んでいることが明らかとなれば、親子であってもそのような流用は認められないことを説明し、すぐに止めるように説得すべきです。

　しかし、それでも改善がみられないようであれば、成年後見制度を利用することも対応策のひとつです。成年後見人や、預金引き出しに関する代理権が付与された保佐人、補助人が選任されると、成年後見人等が手続きをしない限り、金融機関はお父様の預金の引き出しには応じません。この結果、お兄様による使い込みは防止できますし、すでにお兄様が使い込んでしまった分も、成年後見人等からお兄様に対して返還を求めることができるのです。

　このように、成年後見制度を利用して問題解決を図ることは可能ですが、一方で、お兄様との関係が悪化することは避けられないでしょうから、そのような事情も認識した上で慎重に判断してください。

Q18. 祖父の相続税を納付するため、認知症の父が所有する土地を売却する必要があります。どうすればよいでしょう?

A.

お父様名義の土地ですので、お父様以外の方が売却手続きを進めることはできません。しかし、認知症を患っているお父様が、不動産のような重要な財産をご自身の判断で処分することも、現実には困難といえるでしょう。

そこでこのような場合にも、成年後見制度を活用することが考えられます。家庭裁判所でお父様のために成年後見人等を選任してもらい、成年後見人等が土地の売却手続きを行うことになります。

成年後見人が選任された場合、ご本人の代理人として成年後見人の判断だけで土地を売却することが可能です(但し、居住用財産については家庭裁判所の許可が必要（Ｑ１９））。保佐人や補助人の場合は、家庭裁判所から土地売却に関する代理権を付与してもらう必要があります。

注意しなければならないのは、成年後見人も保佐人も補助人も、ご本人のために財産管理をする責任を負っているという点です。ご質問のような相続税の納付のほか、施設費の支払いや日常生活のための費用などに充てるために土地を売却することが、ご本人の利益に適うか否かを慎重に判断する必要があるのです。

したがって、売却代金が周辺の取引実績と比較して適正な価格であることは当然ですが、複数の土地を所有している場合は売却する土地の選定方法、売却の相手方、諸経費の妥当性等に注意しなければなりませんし、売却代金については、使途の明細を明らかにし必ず領収書を保管しておくべきです。また、譲渡所得税の申告をする必要もありますので、納税資金の確保にも注意を払う必要があります。

なお、売却に伴うお金の動きは速やかに家庭裁判所に報告しなければなりませんので、この点も忘れないようにしましょう。

Q19.

成年被後見人である父が施設入所前に居住していた住宅を売却し、施設費に充てたいのですが、どうすればよいでしょう?

A.

あなたが成年後見人に就任されており、成年被後見人に代わって住宅を売却したいとお考えなのですね。かつて居住されていた住宅とのことですので、これを売却するためには、あらかじめ家庭裁判所の許可を得ておかなければなりません。許可を得ずに売却された場合は無効となりますので、ご注意ください。

成年後見人は、成年被後見人の財産を処分することについて包括的な代理権が与えられていますので、成年被後見人名義の不動産であっても、成年後見人の判断で売却できるのが原則です。

しかし、長年にわたり生活の拠点としてきた住宅を失うことは、成年被後見人の生活や精神状態に与える影響が大きいと考えられます。そこで、ご質問のように施設に入所したまま帰宅の目途が立たないような状態であったとしても、家庭裁判所の監督の下で売却の必要性を慎重に検討すべきとされているのです。

成年被後見人の可処分財産や生計維持費等を考慮し、預貯金の解約や住宅以外の不動産等の資産を処分してもなお、近い将来の生計維持費を捻出することが困難である、建物の老朽化が著しく倒壊の危険性を伴い、修繕をするにも多額の経費を要する等の事情があるケースでは、売却の必要性ありと判断されるようです。

なお、許可を要するのは、①現に居住している不動産、②過去に生活の本拠であった不動産、③将来、居住する可能性のある不動産に関する売却、担保権の設定、将来の建築予定地の第三者への賃貸、アパートの解約、取り壊しなどが含まれます。

ご質問のケースは②に該当しますので、家庭裁判所の許可なく売却することはできません。

Q20. 一人暮らしをしています。年々衰えを感じるようになり将来の財産管理が不安です。今からできることはありますか?

A.

お元気なうちに任意後見契約を締結すれば、ご本人の意向に沿って任意後見人に財産の管理をしてもらうことができます。

一人暮らしの方が抱く不安のひとつに、判断能力が衰えたときにどのように財産を管理したらよいかということがあるでしょう。

このような場合に、今できる対応のひとつとして、任意後見制度を利用する方法があります。すなわち、ご本人に十分な判断能力があるうちに、信頼できる第三者との間で任意後見契約を締結し、将来、ご本人の判断能力が衰えたときには、家庭裁判所が選任する任意後見監督人による監督の下、任意後見人がご本人の財産の管理をするという制度です。

なお、任意後見契約締結後も、ご本人に判断能力がある間は、ご本人が自由に財産の管理処分を行うことができます。

ご本人の判断能力が衰えた場合の財産管理の方法としては、任意後見とは別に法定後見（成年後見・保佐・補助）があり、どちらも成年後見人等の判断に基づいて財産の管理が行われます。しかし、任意後見の場合には、任意後見人となる方をご本人自身で決めることができますし、あらかじめ打ち合わせをしておくことによって、ご本人の意向に沿った財産管理が可能となるメリットもあります。

任意後見人になるために国家資格等が必要なわけではありませんので、ご家族のどなたかとの間で任意後見契約を締結することもできます。また、身近に適任者がいない場合には、司法書士に依頼することもできます。司法書士には任意後見の職務に精通した者が多く、裁判所が選任する任意後見監督人も数多く輩出しています。

頼れる親族がおらず、将来に不安がある方は、任意後見制度の利用を検討してみてはいかがでしょうか。

Q21.

私は天涯孤独で親族と呼べるような人はいません。私が死亡した場合、死後の様々な手続きも後見人に依頼できるのですか？

A.

成年後見人等（成年後見人・保佐人・補助人）の職務は本人の死亡によって終了するため、原則として、死後の手続きを成年後見人等に依頼することはできません。

成年後見人等は、ご本人の権利保護のために家庭裁判所によって選任された者ですので、ご本人が死亡した場合は、もはや権利保護の必要がなくなると考えられているからです。

ご本人が亡くなられた場合、成年後見人等が管理していた財産は、相続人に引き渡さなければなりません。

ところが、引き渡すべき相続人が明らかでなかったり、死後の諸手続きに協力を得られる親族がいなかったりする場合には、成年後見人等の応急処分義務（民法六五四条）を根拠として、例外的に成年後見人等が死亡届の提出、遺体の引き取り、火葬のための関係機関との打ち合わせなどの諸手続きを行わざるを得ないケースもあります。

しかしこの場合でも、通夜や告別式は行わないのが通常です。なぜなら、これらは法律上、必要不可欠な手続きとはされていないため、応急処分義務の範囲を超える事務と考えられるからです。

以上は法定後見のケースですが、任意後見の場合は少し異なります。

任意後見の場合も、ご本人の死亡により職務が終了することは法定後見の場合と同じです。しかし、任意後見の場合は、任意後見契約とは別に「死後事務委任契約」を締結しておくことが通常です。このような契約を締結しておくことにより、ご本人は契約で定めたご自身の死後の事務処理について、任意後見人となる者にあらかじめ依頼しておくことができるのです。もちろん、葬儀の手配などの法定後見では困難な事務についても、個別具体的に定めておくことができます。

Q22.

障害のある子を抱えています。私たち夫婦も高齢となり、私たちが死んだ後の子どもの生活が心配です。

A.

精神障害や知的障害のお子さんをお持ちで、お子さんの将来に不安がある場合、成年後見制度の利用（専門職成年後見人等の選任）を検討してみてはいかがでしょうか。同様のケースで、成年後見制度を活用した事案をご紹介しましょう。

三八歳になるご本人は、一六歳のときに重度の統合失調症を発症し、社会生活を送ることが困難な状況に陥り、精神科の病院に二〇年以上入院していました。その方のお父様はすでに一〇年前に亡くなっており、その後はお母様がひとりでご本人の面倒をみてきましたが、最近になって癌を患っていることが判明しました。ほかに子どももないため、お母様は自分が死んだ後、ご本人の面倒を誰に委ねればよいのか途方に暮れ、司法書士に相談しました。

司法書士は、お母様と専門職（司法書士や社会福祉士等）とが共同で成年後見人に就く方法を提案しました。この方法により、お母様は成年後見人として日常生活の世話をしつつ、もう一人の成年後見人である専門職がお母様からの相談を受けながら財産管理業務を行うことにより、お母様の精神的身体的な負担を減らすことができます。また、お母様の亡くなった後は、専門職後見人が適切な施設と契約をし、お母様の意向を汲んだご本人のお世話をすることもできることでしょう。

このように、障害を持つお子さんの親御さんは、元気なうちに成年後見制度を利用することにより、親御さん自身の負担を減らすこともお子さんの将来の不安を取り除くこともできるのです。

社会福祉環境はまだまだ不十分であり、障害を持つお子さんの親御さんは大変な負担を背負っていますが、成年後見制度は、このような負担の軽減という役割も期待されているのです。

事件簿より③　～成年後見人の選挙付添い体験記

平成二五年七月二一日に実施された参議院議員選挙は、複数の方の成年後見人に就任している私にとっても、記憶に残る日となった。それは、その年の四月に他界されたAさんとの関わりが影響しているかもしれない。

私がAさんの保佐人に就任したのが平成二一年一〇月。その後、事情が変わって平成二四年四月に改めて成年後見人に選任されたのだが、Aさんが成年被後見人となって初めて行われた選挙が平成二四年一二月の衆議院議員選挙であった。入所していた施設から電話があり「Aさんが投票に行きたいと言っている」という。おそらくAさんは、それまでの人生において、ごく当たり前に投票に行っていたのであろう。そして今回は、足腰が弱っているからその介助を求める意味で「投票に行きたい」と申し出られたのだと思う。

しかし、その期待に反する回答をしなければならない私の気は重かった。法律の条文や成年被後見人に選挙権がないことについて論じた学者の論文をコピーして、私はAさんのもとへ向かった。「Aさん、今、Aさんは投票ができないんですよ」。単刀直入に切り出した。間を置いてAさんは、「そうか」と言ったきり後は沈黙が続いた。説明しなければならないことは山のようにあるはずなのに、全く話が進まなかった。

あれからわずか七か月というのに劇的な変化だ。この間、「成年被後見人の選挙権の回復等のための公職選挙法等の一部を改正する法律」が施行されていた。私は事前に、Bさん、Cさん、Dさんに「選挙がありますよ」と伝えた。

Bさんは、いつも饒舌でご機嫌だ。訪問するたびに「ここの人はみんな親切で、ごはんもおいしい」と言ってくれる。選挙のことを話すと「行かない」と即答した。Bさんにとって、目的が何であろうと外出することによって身体の健康を害することが心配なのだという。

実は、Bさんのいる施設は県選管の指定する老人ホームであり、施設長が不在者投票管理者となり、外部立会人の立会いのもと、事前に施設内で投票できることになっていた。私が訪問した日がまさにその不在者投票の日だったので、Bさんは外出せずに投票できたのだが、「行かない」という決意は固かった。

いつも新聞を隅々まで読み、テレビのニュースにも通じていると評判のCさんは、選挙のことを話すとはじめは戸惑っていたが、とても喜んだ様子を見せ「ここへ来て、はじめて言われたぞ」と返した。「ごめんね、今まではそういう制度だったから」と言うほかない。Cさんも、成年後見人が選任される前までは、ごく一般的な市民生活を営んでおられ、支持する政党もあったようだ。投票所へ向かう車中、Cさんは、昨今の社会情勢についていろいろな解説を聞かせてくれた。私は、選挙公報を渡して、一応投票の方法について説明しておいた。Cさんは投票所でも、自然な振る舞いだった。ただ、字を書くことが困難だったので、代理投票をお願いした。

代理投票とは、自ら投票用紙に候補者の氏名等を記載することができない場合に、その選挙人の意思に基づき、補助者が代わって投票用紙に記載する制度だ。今回の法改正で、代理投票の要件に係る表現が「身体の故障又は文盲」から「心身の故障その他の事由」に改められたことから、Cさんも利用しやすくなったはずだ。

知的障害があって幼少期から施設に入所していたDさんは、五〇歳になる今日まで投票に行ったことがなかったようだ。「選挙」が何か、ということを短時間で説明するのは難しい。Dさんは、投票所に着いても一時間近く選挙公報を眺め続けていた。私は求めに応じてそれを読み、投票の方法を説明した。ようやく決心し、やはり代理投票をお願いしたが、投票を済ませるまで相当時間がかかった。出て来たDさんに「お疲れさんでした。がんばりましたね」と声をかけると、一事をやり遂げた満足感が漂っていたように感じた。「次も投票に来ますか」と聞くと「あんたが来てくれるなら」と答えてくれた。

Aさんが生きていたら、どうだろう、喜んだろうか。いや、やはり、「当たり前のことだ」と一蹴しただろうな、と思う。

巻末資料

巻末資料

【執筆者一覧】（いずれも静岡県司法書士会所属）

■青島学海
〒438―0086　磐田市見付3758番地2
TEL　0538―38―9800

■大澄正人
〒430―0856　浜松市中区中島二丁目29番18号
TEL　053―460―1414

■榛葉隆雄
〒432―8018　浜松市中区蜆塚二丁目17番20号
TEL　053―413―1147

■杉山陽一
〒430―0901　浜松市中区曳馬五丁目2番41号
TEL　053―473―4741

■武田伸二
〒４３０―０９０３
浜松市中区助信町４３番２１号
ＴＥＬ　０５３―４８８―５１３１

■中里　功
〒４３１―３１２５
浜松市東区半田山五丁目３９番２４号
司法書士法人浜松総合事務所
ＴＥＬ　０５３―４３２―４５２５

■名波直紀
〒４３０―０８１６
浜松市南区参野町１７０番地の１
ＴＥＬ　０５３―４６３―７００３

■古橋清二
〒４３０―０９２９
浜松市中区中央二丁目１２番５号
司法書士法人中央合同事務所
ＴＥＬ　０５３―４５８―１５５１

司法書士総合相談センターしずおか

常設相談窓口のご案内

【電話相談】月曜日～金曜日　14時～17時

☎　054―289―3704

※ 毎週火曜日は、成年後見制度に関する専門の相談員を配備しております。

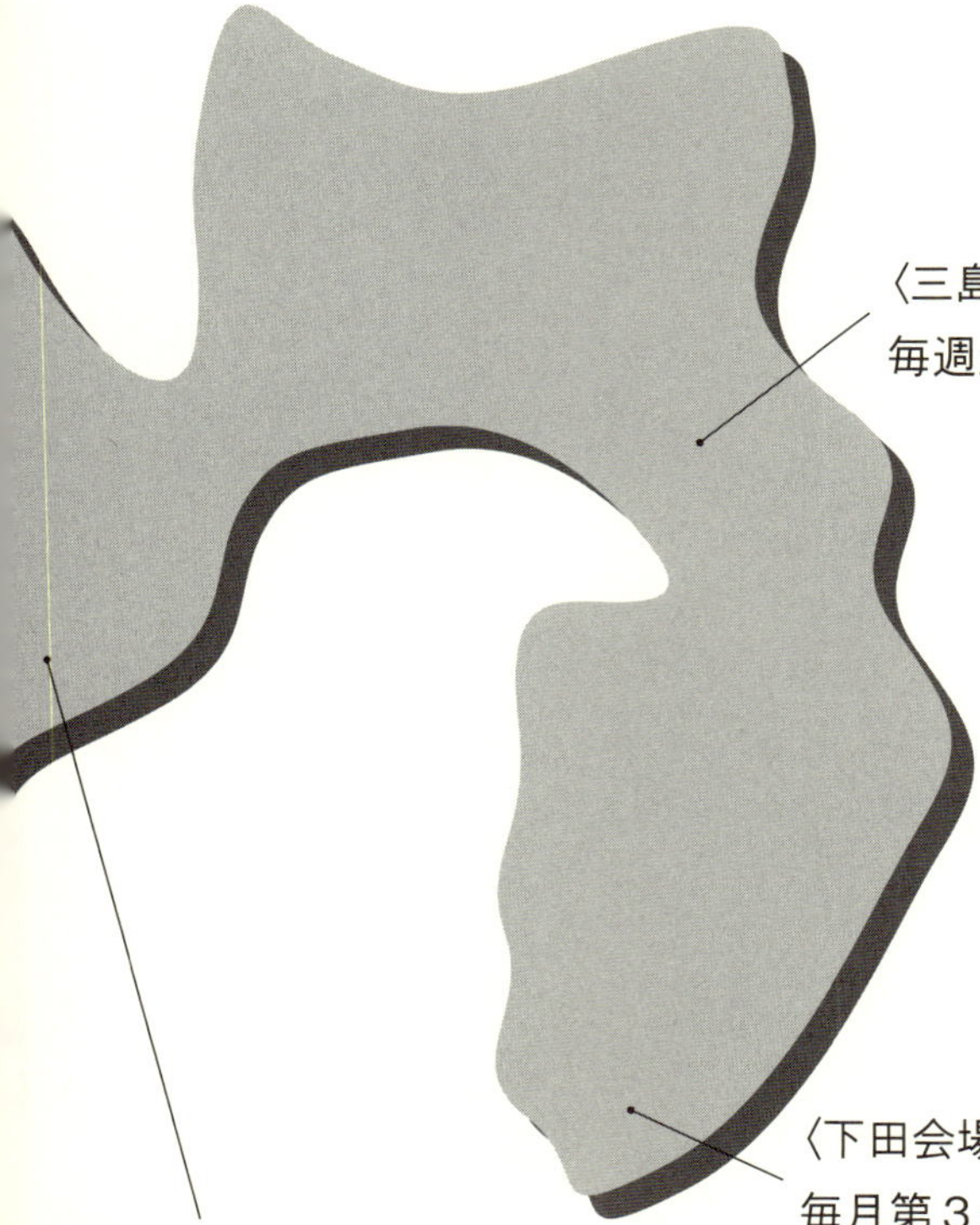

〈三島会場〉三島商工会議所
毎週火曜日　14時～17時

〈下田会場〉下田商工会議所
毎月第3金曜日　13時～16時

〈静岡会場〉静岡県司法書士会館
月曜日～金曜日　14時～17時

【面談相談】
※ 各会場とも予約制となっております。
お問合せ・ご予約はこちらへ
☎　054—289—3700

〈天竜会場〉浜松市天竜区役所
毎月第１水曜日　13 時～ 16 時

〈細江会場〉浜松市北区役所
毎月第１水曜日　13 時～ 16 時

〈浜松会場〉
浜松市福祉交流センター
毎週木曜日　14 時～ 17 時

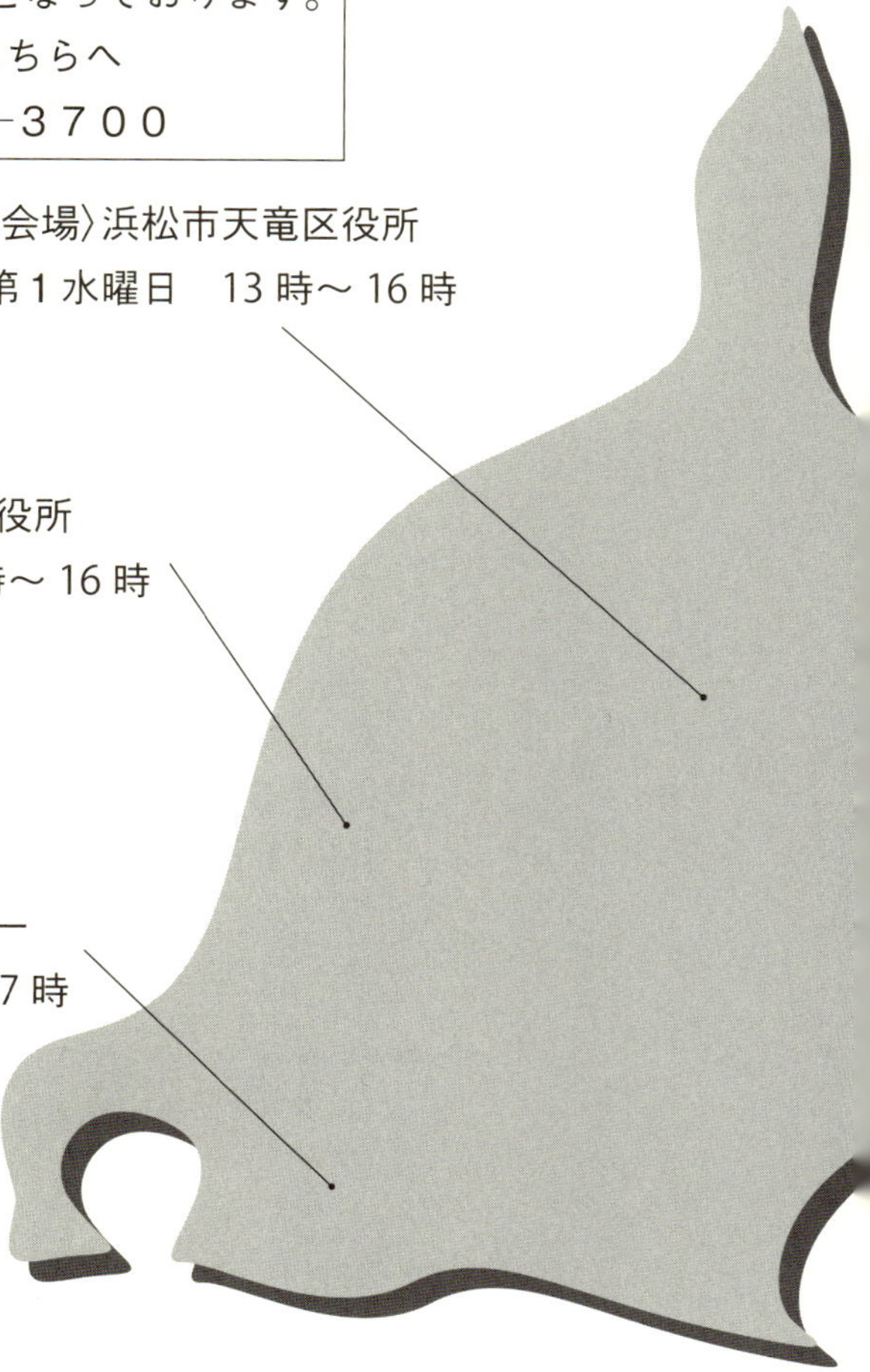

秘密厳守！　ご相談は、いずれも無料です‼

はい、静岡県司法書士会です
—相続の困りごと、お答えします—

2015年2月17日　初版発行

著者・発行者／静岡県司法書士会
発売元／静岡新聞社
〒422-8033　静岡市駿河区登呂3-1-1
電話　054-284-1666
印刷・製本／図書印刷

ISBN978-4-7838-9898-6　C0032
定価はカバーに表示してあります
乱丁・落丁本はお取り替えします